Normalien, agrégé et ancien membre de l'Ecole française de Rome, Jean-Marie Dentzer a été directeur de l'Institut français d'archéologie du Proche-Orient. Professeur à l'Université de Paris-I, il a également dirigé une équipe du CNRS en Syrie du Sud et en Jordanie. Il est l'auteur de nombreux ouvrages spécialisés (dont la série *Hauran* et sa thèse sur *Le Banquet couché*) et d'articles dans *Syria, Le Monde de la Bible, Dossiers d'archéologie*...

Christian Augé, normalien, agrégé, est directeur de recherche au CNRS. Spécialiste des monnaies et de l'iconographie classiques du Proche-Orient, il a succédé à Jean-Marie Dentzer comme responsable de l'équipe d'archéologie de la Syrie du Sud et de la zone de Pétra, aujourd'hui installée à Nanterre. Il a collaboré à de nombreux ouvrages sur la période antique dans la région et s'intéresse aussi à la redécouverte moderne du Proche-Orient.

A Jacqueline, Paul et Jacques,
A Hélène, Jean-Christophe et Ariane,

1er dépôt légal : avril 1999
Dépôt légal : juin 2000
Numéro d'édition : 97369
ISBN : 2-07-053428-6
Imprimé en Italie
par Editoriale Lloyd

PÉTRA
LA CITÉ DES CARAVANES

Christian Augé et Jean-Marie Dentzer

DÉCOUVERTES GALLIMARD
ARCHÉOLOGIE

« Pétra, malgré l'état lamentable où elle est tombée sous l'empire du Croissant, demeure encore la huitième merveille du monde! Ceux qui ne la peuvent visiter en rêvent; ceux qui, comme nous, y ont passé désirent la revoir et l'étudier davantage. Après des siècles de silence, elle ressuscite et devient un but d'excursions scientifiques, plein d'attrait. »

Adélaïde Sargenton-Galichon,
Sinaï, Maân, Pétra, sur les traces d'Israël et chez les Nabatéens, 1904

CHAPITRE PREMIER
PÉTRA RÉVÉLÉE

Taillée dans le grès, la Khazneh – le monument le plus connu de Pétra – représentée ici par David Roberts vers 1839, est sans doute le tombeau d'un roi ou d'une reine. Sa date reste discutée : l'architecture composite, influencée par l'art d'Alexandrie, fait plutôt pencher pour le Ier siècle av. J.-C.

Reconnaissances clandestines : Burckhardt, Bankes

Le 22 août 1812, un voyageur européen – le premier depuis combien de siècles? – découvre, émerveillé, la haute façade rose de la Khazneh, le « Trésor du Pharaon », le célèbre mausolée de Pétra qui surgit à la vue du visiteur après une demi-heure de marche au fond du défilé du Sîq.

Dissimulé sous un costume arabe, le Suisse Johann Ludwig Burckhardt, alias Cheikh Ibrahim, fait route de Damas vers l'Egypte, où il va poursuivre ses explorations, en traversant l'actuelle Jordanie. Il a entendu dire que, tout près du village de Wadi Mousa, le « Ruisseau de Moïse », se cachent au milieu d'une étrange forteresse naturelle d'extraordinaires vestiges. Mais dans cette région troublée de l'Empire ottoman, un intérêt trop marqué pour les « antiquités », œuvres des Infidèles, paraîtrait suspect. Cheikh Ibrahim se présente donc comme un pèlerin désireux de sacrifier une chèvre au prophète Haroun (Aaron) dont le tombeau est censé se dresser au sommet d'une montagne, au-delà des ruines.

Quand Burckhardt (1784-1817) visite Pétra, la situation politique et religieuse est tendue dans la région. « Cheikh Ibrahim » (ci-dessous) doit éviter d'éveiller par sa curiosité la méfiance de son guide et de provoquer l'hostilité des habitants. Il décrit assez en détail la Khazneh, « l'un des plus élégants vestiges de l'Antiquité existant en Syrie », mais peut à peine examiner le temple du Qasr el-Bint. Faute d'avoir pu faire des dessins, il ne conserve des tombeaux qu'un souvenir sommaire, nettement influencé par l'Egypte comme le montre son pauvre croquis (ci-contre) : « Leur forme est le plus souvent celle d'une pyramide tronquée. »

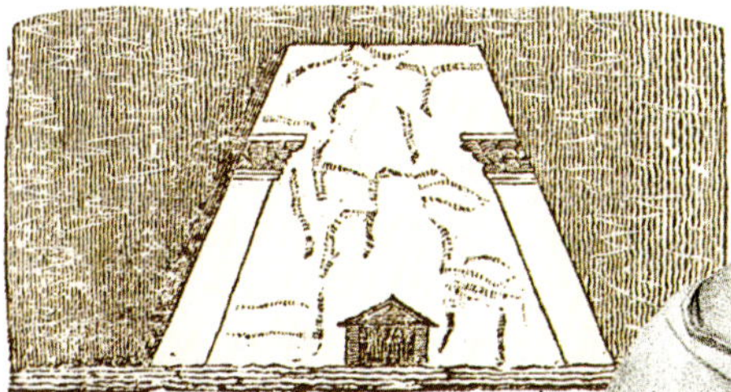

Surveillé de près par son guide, Burckhardt doit se borner à un aller-retour à travers la ville antique, sans pouvoir prendre de notes précises ni dessiner les monuments.

Mais ce qu'il voit le convainc de l'importance du site : « En comparant les

Etabli en Egypte, où il entreprend de dessiner les monuments antiques, W. J. Bankes a appris la découverte de Burckhardt et projette d'explorer Pétra. Disposant de moyens considérables, cet érudit, féru d'archéologie, a soigneusement préparé l'expédition et réuni une équipe nombreuse, comprenant notamment le *drogman* (guide interprète) Giovanni Finati et les officiers de marine C.L. Irby et J. Mangles. Mais des rivalités entre chefs de tribus le contraignent à écourter son séjour. Importante par le nombre des vestiges découverts (dont le «tombeau du Turcoman» avec son inscription nabatéenne), leur visite ne donnera lieu qu'à des comptes rendus sommaires, parus à Londres en 1823, en même temps que l'ouvrage posthume de Burckhardt. Cette aquarelle, la première image prise de la Khazneh (ci-contre), tente de rendre l'effet produit sur le visiteur avant la sortie du Sîq : Bankes a saisi d'instinct le point de vue qu'adopteront plus tard des milliers de photographes.

témoignages des divers auteurs [...], il semble très probable que les ruines de Wadi Mousa sont celles de l'antique *Petra.*»

La nouvelle se répand parmi les Européens installés au Levant et en Egypte, pays que Méhémet Ali entreprend alors de moderniser en accueillant savants et techniciens occidentaux. En effet, on s'interroge depuis longtemps sur l'emplacement de l'ancienne capitale des Nabatéens.

D'autres tentatives ont alors lieu pour explorer Pétra, malgré la méfiance des tribus locales. En mai 1818, un groupe d'une dizaine de personnes venu de Jérusalem, dont l'«antiquaire» anglais William John Bankes, parvient à passer sur le site deux journées bien remplies. Les visiteurs gravissent la montagne d'Aaron, d'où ils aperçoivent à la longue-vue, sur un autre sommet, la façade du Deir, le «Monastère». Ils parcourent la ville et plusieurs ravins et décrivent les principaux monuments. Une relation du voyage paraîtra en 1823, mais les croquis de Bankes resteront presque tous inédits jusqu'à nos jours.

Premières missions archéologiques : Laborde et Linant

Plus fructueuse est la visite qu'effectuent en 1828 deux Français, Léon de Laborde et Louis-Maurice Linant de Bellefonds. Ils abordent, eux, Pétra par le sud-ouest, venant du Caire. Le jeune Laborde, après une longue mission en Turquie et en Syrie, s'est associé à Linant qui explore depuis une dizaine d'années l'Egypte et le Soudan et qui connaît déjà le Sinaï. Après une longue attente à Aqaba, sur la mer Rouge, leur caravane, forte de «quinze chameaux et dix-huit personnes», longe en trois jours le *wadi* (oued) Araba et, vers la fin de mars, établit son camp dans les ruines de Pétra. Malgré les craintes de leurs guides qui les empêchent de pousser jusqu'au village de Wadi Mousa où sévit la peste, ils se livrent, six journées durant, à un travail assidu, prenant des notes, des mesures, et surtout dessinant sans relâche : «Nous ne voulions pas seulement voir Pétra, écrira Laborde, nous voulions, comme disaient nos Arabes, l'emporter dans nos cartons».

Les voyageurs parcourent toute la ville antique, les principaux ravins et le défilé du Sîq, dessinent la plupart des grands tombeaux, montent jusqu'au Deir, et font au total assez de relevés pour pouvoir dresser la première carte de Pétra. Sur le chemin du retour,

La colonne incomplète à gauche de l'entrée de la Khazneh (aquarelle de Bankes ci-dessous) est aujourd'hui restaurée. Le Sîq était jadis moins sec que de nos jours : le wadi Mousa y coulait bordé de lauriers-roses. Pour éviter les crues soudaines, voire meurtrières comme en 1963, son cours a été dévié avant l'entrée du défilé.

ils décrivent en outre Sabra, l'un des sites les plus pittoresques des alentours.

Leur exploration, la première vraie mission archéologique, marque un progrès considérable par le nombre et la précision des renseignements recueillis. Laborde, rentré en Europe, s'attache à en donner une

Laborde a dessiné ici le «Sîq extérieur», après la Khazneh. Le haut de la façade du tombeau, gravé d'une épigramme en grec, s'est effondré en 1847.

publication à la fois luxueuse et savante, le *Voyage de l'Arabie Pétrée*, richement illustrée, qui révèle Pétra et les Nabatéens au public occidental.

Une mystérieuse cité, capitale d'un royaume plus mystérieux encore

Pour ces premiers voyageurs, nourris de références bibliques et classiques, le nom de Pétra n'évoque pas grand-chose : de rares mentions chez quelques auteurs grecs et latins et seulement deux textes plus développés, ceux de l'historien Diodore de Sicile et du géographe Strabon, contemporains de César et d'Auguste. L'un et l'autre en font la capitale des Nabatéens, un peuple arabe enrichi par le commerce caravanier, qui semble attesté pour la première fois dans cette région en 312 av. J.-C., peu après la mort d'Alexandre le Grand. S'appuyant sur des témoignages séparés par trois siècles, ils en donnent deux images contraires : d'abord celle de nomades indépendants, puis de sédentaires, paysans et citadins confortablement installés dans une ville luxueuse.

On sait aussi que leur royaume, considérablement étendu et devenu une puissance régionale, finit par être annexé à l'Empire romain sous le règne de Trajan, en 106 apr. J.-C., Pétra restant l'une des principales cités de la province d'« Arabie Pétrée ».

L'identification du site découvert par Burckhardt n'est pas sérieusement contestée : les monuments taillés dans le rocher, bien visibles, ont de tout temps entretenu parmi les habitants du voisinage une conscience confuse de l'importance de ces vestiges.

Léon de Laborde (1807-1869), ici vêtu en « Bédouin », s'est longtemps exercé au dessin. Sa vue de l'intérieur du « *triclinium* du soldat » (ci-dessus), dans le wadi Farasa (on aperçoit dans le fond le tombeau correspondant, dit du soldat romain), donne une bonne idée de la précision de son trait.

Les Nabatéens, eux, étaient tombés dans l'oubli. La découverte de leur capitale leur rend leur nom et leur place dans l'histoire.

Le dossier que Laborde rassemble à leur sujet est bien caractéristique de l'époque : il étudie les principaux passages des auteurs anciens, mais réserve une place essentielle à l'Ancien Testament, pourtant muet sur les Nabatéens, et pour cause, puisque leur installation dans la région de Pétra est bien postérieure aux événements qu'il raconte. Le pays était avant eux celui des Edomites, que la Bible montre s'opposant au passage de Moïse : ces descendants d'Esaü, frères ennemis des Hébreux, suscitent l'intérêt des spécialistes de l'histoire, de la géographie et de l'exégèse bibliques, disciplines en plein renouvellement au début du XIXe siècle. Soucieux de localiser les étapes de l'Exode, Laborde et les autres voyageurs ne peuvent se dispenser de noter des noms qui rappellent sans cesse les personnages bibliques, le «Ruisseau de Moïse», le «Trésor du Pharaon».

On reconnaît ci-dessous les grands tombeaux creusés dans la falaise de la Khubthah : à partir de la droite, le «tombeau à l'Urne», le «tombeau de la Soie», le «tombeau corinthien» et le «tombeau-palais». Le dessin est dû à Louis-Maurice Linant de Bellefonds (1799-1883), qui s'est placé au bord du ruisseau, tournant le dos au théâtre. Laborde et Linant se sont partagé les points de vue pour gagner du temps.

Ci-dessus, le «tombeau-palais» et le «tombeau corinthien» en 1845, dessinés et aquarellés par l'Anglais W. H. Bartlett.

Le mythe nabatéen

L'écho favorable que rencontre dans le monde savant le *Voyage de l'Arabie Pétrée*, et la qualité de ses gravures, suscitent donc un engouement pour les Nabatéens qui dépasse très vite le cercle des

«Il ne faut pas juger ce monument par son état actuel, il devait être beaucoup plus élevé», écrit Laborde dans son somptueux *in-folio* paru entre 1830 et 1833 à propos du «tombeau-palais» ou «tombeau à étages». «Une grande ligne [frise] terminait ces trois étages de colonnes, et en leur donnant un ensemble, compensait peut-être le défaut des proportions, et l'irrégularité de ses différentes parties.» Cette sépulture, probablement princière, offre la plus grande façade rupestre de Pétra (49 mètres de large sur 46 de haut). Elle était partiellement maçonnée à son dernier niveau et couverte d'un enduit aujourd'hui disparu, que Laborde a bien remarqué et décrit. Il n'apprécie pas beaucoup plus le «tombeau corinthien» qu'il juge être «une mauvaise imitation de la Khasné.»

spécialistes. Il se nourrit de toutes ces «traditions vagues», pour reprendre le mot de Laborde, et de mystère : le mystère qui entoure l'origine de ce peuple, apparu on ne sait quand et venu on ne sait d'où, et celui de sa disparition. Une chose est sûre : ce sont des Arabes, et cette époque férue d'orientalisme

Haute de seize mètres, l'arche jadis imposante (lithographie de David Roberts ci-contre), qui surmontait l'entrée du défilé («Bab es-Sîq») est tombée en 1896 : il n'en reste dans les parois que quelques traces et des niches moulurées. Le passage étroit, en forte pente à cet endroit, constituait l'accès principal à la ville et était très facile à défendre. L'archéologie moderne et l'historiographie tirent grand parti des notes et des dessins précis des premiers voyageurs qui font connaître les monuments en meilleur état qu'aujourd'hui, et parfois même des vestiges disparus.

se passionne pour tout ce qui est arabe, quitte à exagérer quelque peu le rôle et le prestige des Nabatéens.

Dès les années 1830, Pétra devient un but de visite, complément fréquent d'un voyage au Sinaï ou aux Lieux saints. Et si, au Levant comme en Egypte, on trouve des *drogmans*, à la fois interprètes, guides et factotums, pour organiser l'expédition, cette dernière restera longtemps risquée à cause des disputes entre tribus, et fort coûteuse car il faut passer par une multitude d'intermédiaires, et les chefs de tribus s'efforcent d'en tirer le maximum de profit.

Simples «touristes» ou érudits, voyageurs et voyageuses s'y succèdent. Leurs récits abordent volontiers, parfois avec talent, quelques thèmes littéraires bien dans le goût du moment : le voisinage du théâtre et des tombeaux, du plaisir et de la mort, l'angoisse dans la sérénité du désert. La révélation soudaine de cette capitale morte dissimulée au creux de ses rochers, de son architecture étrange qui intègre les constructions dans une nature minérale et sauvage, ne peut qu'exciter l'imagination en pleine époque romantique. Ainsi naît un véritable mythe, resté vivace jusqu'à nos jours.

Du mirage à la réalité : visites savantes

Comme on l'observe fréquemment au XIXe siècle, les recherches érudites restent pendant plusieurs décennies des entreprises individuelles. Parmi les visiteurs parvenus jusqu'à Pétra, on compte des amateurs éclairés ou des savants de toutes nationalités. Leurs intérêts sont divers.

En 1868, la «caravane des peintres français» (ci-dessous) parcourt le Fayoum, le Sinaï et Pétra, ce qui montre que ce dernier site est devenu une destination majeure du tourisme culturel et artistique. Elle comprend notamment Gérôme, Bonnat, Lenoir, le drogman Moussali et le photographe Goupil. Il ne faut pas moins de vingt-sept chameaux pour transporter leur matériel! L'ambiance est joyeuse, mais le résultat pictural, à Pétra en tout cas, est bien décevant : comme le raconte Paul Lenoir, «deux journées de pluie torrentielle nous avaient contraints à l'inaction la plus absolue; ces heures furent agréablement passées à confectionner sur les tombeaux les inscriptions gallo-grecques les plus expressives pour l'œil et pour la science... des amateurs de rébus illustrés.»

Dès 1840, quelques vers réussis d'un poète britannique, Burgon, consacrent la célébrité de Pétra, *a rose-red city half as old as time* («une cité vermeille, moitié vieille comme le temps»). Comme bien d'autres écrivains de l'époque, leur auteur n'y est pas allé, mais a dû rêver devant des lithographies. On connaît bien celles du peintre écossais David Roberts, qui accompagna l'homme d'affaires John Kinnear et réalisa en 1839 une série de vues de Pétra, lithographiées et mises en couleurs entre 1842 et 1849, rassemblées dans un très bel ouvrage qu'il publia sous le titre *Egypte, Syrie et Terre sainte.* Roberts avait été impressionné par les gravures de Linant de Bellefonds et de Laborde. Il avait voulu lui-même tenter de se rendre à Pétra. Il dut beaucoup intriguer et courir bien des dangers pour y aller. (A gauche, le théâtre avec le débouché du Sîq extérieur et le wadi Mousa, et ci-contre une vue des nécropoles) Roberts a amplifié les hauteurs afin de donner un effet romantique.

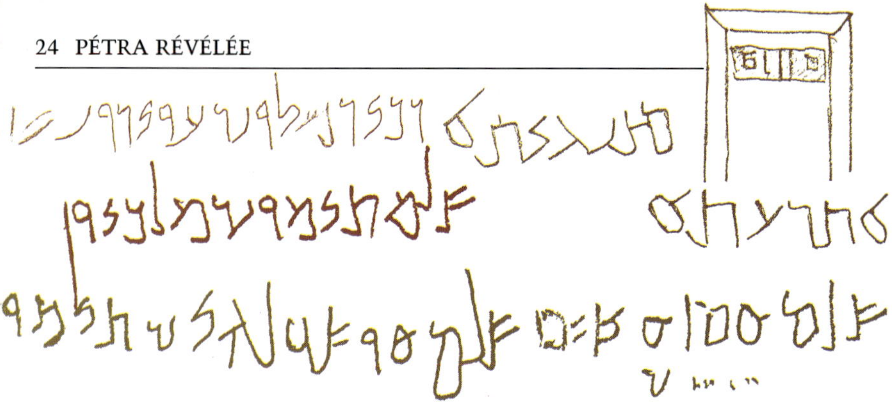

On trouve des spécialistes des études bibliques comme Edward Robinson en 1838, des assyriologues comme Henry Layard en 1840, mais aussi des géographes, G. H. von Schubert et J. de Bertou, qui découvrent notamment en 1837 que la mer Morte se situe à un niveau beaucoup plus bas que la Méditerranée. En 1864, l'importante mission du duc de Luynes, archéologue et orientaliste de renom, inaugure une nouvelle époque, et sa relation détaillée dresse déjà un bilan. Le site entier a alors été parcouru, mais les tombeaux rupestres retiennent plus l'attention que les vestiges, moins spectaculaires, de la ville antique.

Langue, inscriptions, monnaies : la véritable découverte du peuple nabatéen

A ce moment, s'ouvrent d'autres voies de recherche. Les spécialistes des langues sémitiques ne tardent pas à s'intéresser à l'épigraphie nabatéenne, à partir des nombreuses copies d'inscriptions rapportées par les voyageurs. Des campagnes de relevés ont lieu dès les années 1850 dans le Sinaï, où abondent des graffiti, et en Syrie du Sud, avec les missions françaises de Vogüé et de Waddington. Une fois résolue, dès 1840, par le savant E. Beer, la question du déchiffrement de l'alphabet, reconnu comme une forme particulière d'écriture araméenne, les spécialistes français et allemands abordent celle des structures de la langue, qui se rattache à l'araméen occidental. Ce double effort, de rassemblement systématique des inscriptions et de recherche linguistique, n'a cessé de se poursuivre

Ces inscriptions nabatéennes furent relevées à Pétra (ci-dessus) et à Shaubak, au nord de la cité (en bas à droite) par Julius Euting, épigraphiste allemand dont la contribution fut essentielle à la fin du XIXe et au début du XXe siècle. Les corpus épigraphiques reproduisent des milliers de ces inscriptions parfois sommaires, gravées sur toutes sortes de pierres : celles du Sinaï, notamment du wadi Mokatteb («la vallée écrite»), ont intrigué depuis l'Antiquité les pèlerins et les voyageurs, qui les attribuaient aux Hébreux de l'Exode, et les orientalistes s'y sont très tôt intéressés. Quand E. Beer déchiffra l'écriture nabatéenne en 1840, ces graffiti furent reconnus comme nabatéens.

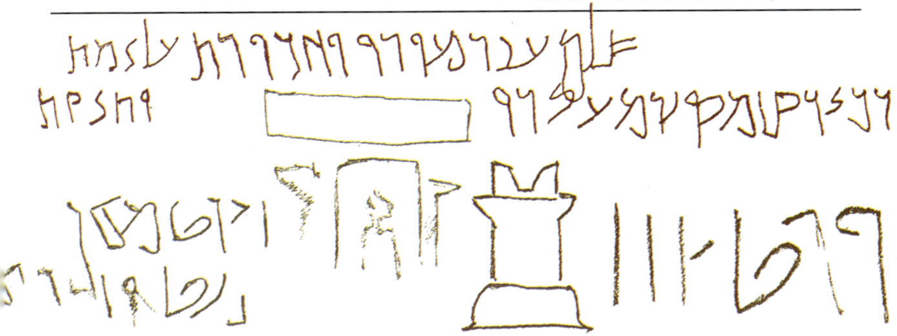

depuis. De leur côté, les numismates identifient dès les années 1850 les monnaies d'argent et de bronze que les rois de Nabatène ont émises pendant deux siècles environ, jusqu'à la conquête romaine en 106. Les archéologues sont vite capables d'en déchiffrer les légendes, qui livrent les noms et les titres des rois et des reines. Après maintes corrections, leur classement aboutit assez tôt à une suite de souverains toujours acceptée pour l'essentiel.

Plus que l'exploration de Pétra, ce sont donc des études linguistiques, épigraphiques et numismatiques qui font alors progresser l'histoire politique et dynastique des Nabatéens. Elles donnent aussi quelques indications sur leur religion et nourrissent

Il s'agit souvent de mentions commémoratives (un grand nombre commence par la formule *Shlm*, «paix!») qui livrent de nombreux noms de personnes : beaucoup dateraient des IIe et IIIe siècles de notre ère et les signes chrétiens (ci-dessous une croix) ont pu être rajoutés après coup, de même que les figures d'animaux que les Bédouins ont de tout temps gravées sur les rochers. On trouve couramment à Pétra des invocations ou dédicaces nommant des divinités ou leurs fidèles. Elles sont parfois accompagnées de dessins schématisant un bétyle – objet de culte – (à gauche, représenté avec des yeux carrés), un autel à cornes (ci-dessus), ou des empreintes de pieds ou de mains, pour indiquer le caractère sacré du lieu.

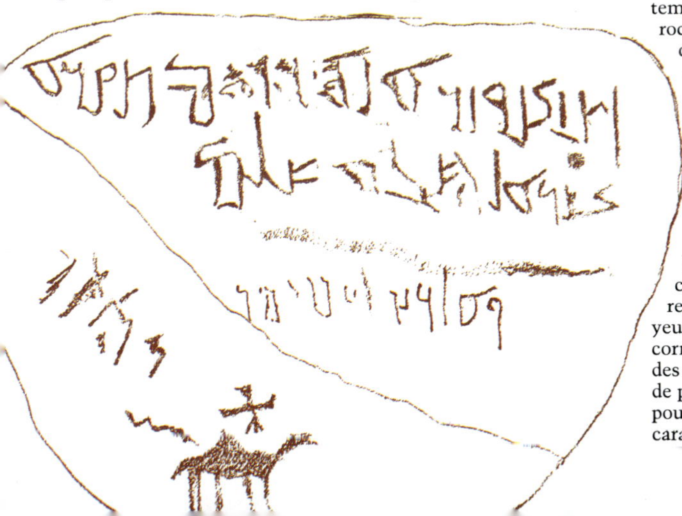

les discussions sur l'origine de ce peuple, qui semble venir de la péninsule Arabique, et sur son installation, difficile à dater, dans le pays d'Edom.

De tous ces travaux se dégage une vision considérablement élargie du domaine nabatéen. Outre la région de Pétra, le Sinaï et le Néguev,

Parti en 1876 avec la caravane de La Mecque, Charles Doughty parcourut le Hedjaz. Il en rapporta des croquis des immenses façades de tombes rupestres de Hégra (ci-dessous).

il s'est étendu jusqu'au massif du Hauran en Syrie méridionale, et comprenait une grande partie du Hedjaz dans l'actuelle Arabie Saoudite : cette région livre un grand nombre d'inscriptions grâce aux voyages de C. M. Doughty, qui découvre le site de Hégra (Médaïn Saleh), et aux campagnes des épigraphistes allemands et français dans le dernier quart du XIXe siècle et le début du XXe.

Leurs caractéristiques architecturales se retrouvent dans toute une série de tombeaux de Pétra. Mais leurs grandes inscriptions, qui comportent souvent des dates précises, fournissent plus de jalons chronologiques que celles de la capitale.

Premiers travaux d'ensemble

Au cours de cette nouvelle phase, les recherches profitent d'une situation à peu près calme, du moins jusqu'à la Première Guerre mondiale, dans des provinces de l'Empire ottoman largement ouvertes aux Occidentaux. L'exploration est désormais dirigée par de grands organismes, des universités européennes ou américaines, des centres installés en Egypte ou au Proche-Orient, comme l'Ecole biblique de Jérusalem.

Malgré l'hostilité de ses habitants, qui interdit l'organisation de fouilles proprement dites, Pétra reçoit de nombreuses visites aux objectifs de plus en plus précis. L'Allemand H. Kohl étudie le temple du Qasr el-Bint, les spécialistes français de l'Ecole biblique poursuivent méthodiquement le rassemblement des inscriptions tout en s'attachant

A Pétra, en 1896, les dominicains de l'Ecole biblique procèdent à l'estampage de l'inscription monumentale du «tombeau du Turcoman» (à droite). Ce texte, gravé à plus de 6 mètres du sol, qui affirme le caractère sacré et inaliénable du tombeau, présente un intérêt linguistique considérable par sa richesse en vocabulaire technique.

à plusieurs monuments. Leurs enquêtes s'étendent à de nombreux autres sites de la Nabatène, dont le Hedjaz, exploré entre 1907 et 1910 par les pères Jaussen et Savignac qui font paraître un peu plus tard leur *Mission archéologique en Arabie*. C'est en effet l'ère des grandes entreprises qui aboutissent à des publications monumentales.

Le Tchèque Aloïs Musil décrit Pétra en détail et parcourt avant 1896 tout le domaine nabatéen, jusqu'au désert syro-mésopotamien et au centre de la péninsule Arabique, en s'intéressant en outre à l'ethnologie. Mais son *Arabia Petraea*, parue tardivement en 1907 et 1908, est surclassée par les travaux des savants allemands : l'inventaire très complet que G. Dalman dresse entre 1908 et 1912 de tous les monuments de culte de Pétra, et l'ouvrage de R. Brünnow et A. von Domaszewski, *Die Provincia Arabia*, publié entre 1904 et 1909 avec le concours de l'épigraphiste J. Euting. Ces derniers avaient mené plusieurs missions entre 1896 et 1898 à Pétra, dans toute la Jordanie centrale, l'ancien pays de Moab, et jusque dans le Hauran. Tous les vestiges visibles ont été relevés, recensés, situés sur des cartes et pour la plupart photographiés. L'apport est considérable, et cette somme n'a cessé d'être utilisée jusqu'à nos jours.

Même la Première Guerre mondiale n'interrompt pas totalement la recherche, puisque les autorités

Les savants du début du XXe siècle, surtout des Allemands, ont procédé à des campagnes très complètes de photographies réalisées grâce aux progrès des techniques optiques, et complétées par des dessins qui permettaient de reporter l'ensemble des monuments, dûment numérotés, sur des plans de détail. Ci-dessous, la nécropole au sud du théâtre, d'après un croquis tiré de *Die Provincia Arabia*, le grand ouvrage de Brünnow et Domaszewski. Ils y énumèrent, pour la seule Pétra, 851 vestiges, qui vont des simples graffiti aux plus importants édifices.

L'archéologue britannique sir Alexander Kennedy pose ici à l'intérieur d'un grand tombeau dont on voit bien les nombreux *loculi* (caveaux), creusés dans le grès. La photographie joue depuis la fin du XIXe siècle un rôle essentiel dans la recherche archéologique à Pétra, alors que commencent des fouilles méthodiques à l'intérieur de certains monuments.

turques, devant l'avance des forces anglaises en 1916-1917, chargent les Allemands Th. Wiegand, W. Bachmann et C. Watzinger d'une mission de «protection des monuments» de Pétra qui accorde pour la première fois une part importante aux vestiges de la ville romaine et à l'architecture civile.

D'une simple branche de l'archéologie biblique, on en est donc arrivé à l'étude d'ensemble de la civilisation nabatéenne, qui s'appuie sur une documentation très vaste, archéologique et épigraphique, disponible sous forme d'inventaires et de corpus. Les premières tentatives sérieuses de synthèse historique voient le jour : avant la guerre déjà, celle de Dalman l'envisageait sous l'angle de la religion. Quelques années plus tard, la Transjordanie étant placée sous mandat britannique, paraissent les ouvrages plus vulgarisateurs d'A. Kennedy (1925), qui tire parti d'une remarquable couverture photographique et des prises de vues aériennes de la Royal Air Force, puis du Français A. Kammerer (1929).

Un escalier permet de monter jusqu'à l'urne du Deir, haute de neuf mètres, pour donner une idée des proportions du monument.

Sur ce cliché de Pétra pris par satellite, on distingue bien le cours encaissé du wadi Mousa et la ville basse dans son cirque de hauteurs déchiquetées. Les nombreuses campagnes de photographies aériennes et de satellites permettent aujourd'hui d'obtenir une couverture cartographique exacte, pour laquelle la contribution de l'Institut géographique national français a été précieuse. Ces clichés fournissent une documentation de qualité au chercheur pour comprendre les phénomènes géomorphologiques, l'environnement du site et les problèmes de mise en valeur aujourd'hui.

La recherche moderne : fouilles et programmes archéologiques

En 1929, les Britanniques George Horsfield et Agnes Conway entreprennent les premières fouilles archéologiques proprement dites dans un secteur de la ville comportant des habitations. Jusqu'à la Seconde Guerre mondiale sont dégagés et fouillés, par les archéologues anglais (J. C. Ellis, Margaret Murray) et américains (W. F. Albright), plusieurs autres édifices de la cité, et quelques-uns des tombeaux les plus importants, dont la Khazneh. Prospections et fouilles se développent à cette époque sur bien d'autres sites de la Nabatène, en particulier le wadi Ramm et Khirbet Tannur.

Après la création en 1946 du royaume de Jordanie, l'activité archéologique reprend sous l'impulsion du département des Antiquités.

A partir de 1954 recommencent à Pétra de considérables travaux de préservation et de fouille : les premières campagnes se concentrent sur le centre monumental de la ville pour tenter de préciser la chronologie des édifices et de résoudre la question de l'installation des Nabatéens.

Une vision plus complexe du monde nabatéen

Depuis, cette activité de terrain n'a cessé de s'intensifier. La fouille proprement dite ne touche encore qu'une bien faible surface du site, mais elle fait aujourd'hui connaître, à côté des grands monuments, des habitations et des ateliers.
On s'intéresse aussi à la voirie, aux innombrables aménagements destinés à la collecte et à l'adduction de l'eau, ainsi qu'aux restes d'installations agricoles tout autour de Pétra.

La vie quotidienne des Nabatéens commence donc à se dessiner, grâce aux moyens scientifiques dont dispose aujourd'hui l'archéologue : des cartes précises, réalisées grâce à la photographie aérienne et aux clichés de satellites, servent de support aux enregistrements des vestiges repérés. La recherche est en effet entrée récemment dans une phase de recensements rappelant ceux du début du siècle, qu'elle reprend et complète, et dont l'informatique permet de tirer le meilleur parti.

Ces travaux profitent des avancées réalisées dans les autres régions du domaine nabatéen : en Jordanie, dans le Néguev, dans le Sinaï, dans le Hedjaz,

Dans la paroi de gauche du Sîq, peu avant la Khazneh, de grandes sculptures taillées directement dans le grès ont été dégagées lors de fouilles toutes récentes. Malheureusement très incomplètes, elles représentent plusieurs chameliers grandeur nature en vêtements longs se dirigeant vers la ville ancienne avec leur bêtes, dont on ne voit plus que les pieds au niveau du sol. Ces statues, placées à proximité de niches cultuelles, pourraient être des *ex-voto* offerts par des habitants de Pétra ou par des pèlerins. Elles rappellent l'importance du chameau dans l'économie et la vie des Nabatéens.

en Syrie méridionale. Les comparaisons et les analyses permettent d'affiner l'étude des produits de l'artisanat – céramique, statuettes de terre cuite ou de bronze, monnaies – et de mieux connaître la sculpture et l'architecture. Peu à peu se précisent les typologies, les chronologies. Quant à l'étude de la langue, qui doit beaucoup aux travaux de l'abbé Jean Starcky, auteur dès 1966 d'une remarquable synthèse sur Pétra,

les Nabatéens et leur religion, elle s'appuie désormais non seulement sur les inscriptions, mais aussi sur les papyrus et sur des rapprochements avec les idiomes voisins. Il en ressort une vision plus complexe et diverse du monde nabatéen, qui ne s'achève nullement avec la conquête romaine en 106.

Ces progrès n'auraient pas été possibles sans la collaboration des nombreuses missions de toutes origines qui se côtoient à Pétra. Elles sont accueillies par les responsables du Département des Antiquités et par les spécialistes de tout premier plan que compte et que forme la Jordanie, véritables

Un archéologue surveille le dégagement du Sîq par une équipe d'ouvriers jordaniens (ci-dessus). Un programme de travaux prévoit l'étude du pavage antique, conservé sur de larges secteurs, et des canalisations qui alimentaient jadis la ville.

L'un des rares secteurs de Pétra où aient eu lieu des fouilles méthodiques est la colline d'ez-Zantur (ci-contre), qui offre un espace presque plan : depuis 1988, les campagnes de l'université de Bâle y ont mis au jour un important ensemble comportant de belles maisons d'époque nabatéenne puis romaine.

passionnés des Nabatéens, comme Fawzi Zayadine. Les programmes de recherche doivent en outre tenir compte des projets d'aménagement et de préservation d'un site de près de 80 kilomètres carrés, inscrit depuis 1985 sur la liste du patrimoine mondial de l'UNESCO et parcouru par des foules toujours plus nombreuses de touristes. L'archéologie de Pétra s'insère dans une réflexion sur son territoire et dans une perspective régionale qui fait intervenir la géomorphologie et le climat, visant à une meilleure connaissance de l'occupation humaine, de l'habitat, de l'exploitation des ressources naturelles depuis la plus haute Antiquité, et permettant de replacer les Nabatéens dans la continuité historique.

Trouvée récemment par des Bédouins dans le wadi Métaha, cette statue incomplète, dont la taille atteint 1,20 mètre, est la plus importante œuvre d'art en bronze connue en Jordanie (à gauche). Elle représenterait un personnage mythologique : Atalante ou une Amazone à cheval. C'est un bon exemple de la statuaire en métal d'inspiration très classique qui ornait, au IIe ou au IIIe siècle, les villes romaines d'Orient, et qui a presque entièrement disparu. Présentée pour la première fois au public en 1997, cette pièce exceptionnelle a fait l'objet d'un projet spécial d'étude et de restauration par un laboratoire d'Electricité de France.

« Les Nabatéens vivent en plein air, ont pour coutume de ne pas semer de grains, de ne pas planter d'arbres fruitiers et de ne pas construire de maisons. Certains élèvent des chameaux, d'autres du petit bétail. Des nombreuses tribus arabes, ils sont de loin les plus riches. Un grand nombre d'entre eux transportent en effet jusqu'à la mer l'encens, la myrrhe et les plus précieux des aromates que leur remettent ceux qui les acheminent depuis l'Arabie dite "Heureuse". »

Diodore de Sicile

CHAPITRE II

LE ROYAUME DES NABATÉENS

Le répertoire figuré des Nabatéens est plus riche qu'on ne l'a cru : des simples graffiti du wadi Ram (à droite) à des stèles élaborées, comme celle, à Pétra, de «la déesse de Hayyan», comme le dit la dédicace.

Deux points de vue «occidentaux»

C'est dans son récit des deux expéditions ordonnées contre les Arabes nabatéens par le roi Antigone le Borgne (323-301 av. J.-C.) que l'historien grec Diodore (90-20 av. J.- C.) présente, d'après le témoignage «oculaire» de l'historien Hiéronyme de Cardia, le peuple nabatéen à la fin du IVe siècle avant notre ère.

Cette image paraît contredite par le géographe Strabon (vers 64-63 av. J.- C. – 25 apr. J.-C.), citant son ami le philosophe Athénodore qui a visité Pétra vers le tournant de l'ère chrétienne. La métropole des Nabatéens est décrite comme une véritable ville, avec de l'eau en abondance, des jardins et de coûteuses maisons en pierre.

Ces deux textes permettent d'imaginer une première découverte de Pétra, dans l'Antiquité, par le regard occidental. Ils nous transmettent le témoignage de contemporains en relation directe avec ce «monde arabe», hommes de guerre grecs, marchands romains séjournant à Pétra. Ces premiers visiteurs ont vécu, dans un contexte différent, une expérience comparable à celle des voyageurs européens du début du XIXe siècle, la même surprise devant un environnement qui leur est étranger, la même volonté d'explorer et d'expliquer, mais aussi une certaine incompréhension, en particulier face à certains comportements sociaux. Ainsi Athénodore, cité par Strabon, est-il étonné de voir le roi servir de ses mains les hôtes

Ce groupe de musiciennes – l'une joue de la lyre, l'autre de l'aulos double, la troisième du tambourin – fait penser aux duos féminins qui accompagnaient, selon Strabon, les banquets nabatéens où le roi lui-même présidait à des festins.

au cours des banquets officiels et conclut que la royauté a un caractère «démocratique» chez les Nabatéens. Il est conscient des tendances égalitaires bien réelles dans la tribu arabe, mais ne reconnaît pas le caractère spécifique d'un rituel d'hospitalité pratiqué jusqu'à nos jours dans le monde des tribus. Il est choqué par la proximité entre des tombes et des dépôts d'ordures et cherche à pénétrer certaines pratiques de culte qui lui restent étrangères.

L'origine des Nabatéens

Diodore comme Strabon s'adressent à des lecteurs du monde romain, et c'est par rapport à leur expérience et aux modèles gréco-romains qu'ils ressentent l'exotisme des Nabatéens. La recherche actuelle, historique, linguistique et archéologique tente de préciser cette image.

Si l'appartenance des Nabatéens au monde arabe n'a jamais fait de doute, on continue à débattre sur leur origine précise, centre ou sud de la péninsule Arabique, ou encore, plus à l'est, les confins de la Mésopotamie et du golfe Arabo-Persique. C'est en explorant l'Arabie Saoudite du Centre et surtout du Nord-Ouest, restée en grande partie une terre inconnue

La vie de Strabon est mal connue. Ce Grec originaire d'Asie Mineure fit plusieurs séjours à Rome et voyagea dans tout le monde méditerranéen. Il ne reste presque rien de son œuvre historique. En revanche, sa *Géographie* nous est intégralement parvenue. Dans le livre 16 où il traite de l'Assyrie, de la Babylonie, de la Syrie et de l'Arabie, il est assez longuement question des Nabatéens, dont Strabon décrit le mode de vie tout en racontant l'expédition malheureuse du préfet romain d'Egypte Aelius Gallus vers l'«Arabie Heureuse», le pays de l'encens. Il cite fidèlement ses sources : des géographes comme Eratosthène, et surtout le philosophe Athénodore, qu'il connaissait bien et qui avait séjourné «chez les Pétréens et en parlait avec admiration».

pour les archéologues, que l'on parviendra sans doute à mieux comprendre quand et comment les Nabatéens ont émergé de groupes de tribus arabes attestés à des dates plus anciennes; il faudra préciser quelles ont été leurs relations avec des voisins proches et lointains que nous connaissons surtout par les différentes familles d'inscriptions arabes.

Vers la fin du IVe siècle av. J.- C., au plus tard, le commerce caravanier les a fait sortir de l'univers fermé de nomades éleveurs pour les faire entrer dans le monde des relations internationales, économiques et politiques. Ainsi utilisent-ils l'araméen, langue des échanges commerciaux dans tout le Proche-Orient.

On faisait brûler la myrrhe, comme l'encens, pour des usages rituels. Elle servait également en parfumerie. Les caravanes nabatéennes la transportaient le long des pistes du désert, qui traversaient des paysages comparables à ceux du wadi Ram (ci-dessous).

Des maîtres caravaniers

Diodore et Strabon s'accordent sur une information : les Nabatéens doivent l'essentiel de leur richesse à leur activité commerciale. En effet, le pays où ils sont installés ne produit guère que du cuivre dans le wadi Araba, et le bitume du lac Asphaltite (la mer Morte), acheminé en Egypte pour l'embaumement des morts et le calfatage des bateaux.

Si les Nabatéens étaient maîtres des pistes de Pétra vers Gaza, vers Alexandrie à travers le Sinaï, ou vers la Syrie du Sud, leur contrôle ne s'exerçait que sur une partie des pistes d'Arabie, jusqu'à Hégra au sud, à près de 500 kilomètres de leur capitale. Ils y entraient en rapport avec d'autres tribus arabes, qui allaient jusqu'aux royaumes producteurs d'aromates de l'actuel Yémen, à 2 000 kilomètres de là, ou qui traversaient la péninsule en direction du golfe Arabo-Persique, notamment vers le port de Gerrha où aboutissaient les produits de l'Inde. Ceux-ci atteignaient aussi l'*emporion* nabatéen de Leuké Kômé sur la mer Rouge. Les auteurs sont unanimes à vanter l'activité caravanière des Nabatéens, mais non leurs talents de marins : Strabon en parle comme de pirates occasionnels.

Les textes livrent malheureusement peu d'indications sur l'organisation des caravanes nabatéennes. D'après Strabon, elles comptaient tant d'hommes et de chameaux qu'elles ne différaient en rien d'une armée. Les caravaniers devaient être des gens puissants. On ignore quel était leur chargement à l'aller, mais on sait qu'ils allaient chercher chez leurs partenaires du Sud l'encens, la myrrhe et certains aromates, que produisaient les tribus de l'Arabie Heureuse (le Yémen d'aujourd'hui), et des épices qui arrivaient de l'Inde par le port nabatéen de Leuké Kômé, sur la mer Rouge, dont Strabon signale l'importance comme *emporion*.

Après avoir suivi la piste du Hedjaz, en passant par Hégra, ces produits gagnaient Pétra et de là les ports méditerranéens, en particulier Gaza et Alexandrie : la principale route, entre Pétra et Gaza, est aujourd'hui bien repérée. Ils partaient ensuite par bateau vers la Grèce et l'Italie, où ils étaient très appréciés pour toutes sortes d'usages, les rites religieux, la préparation de médicaments, de produits de beauté et pour la cuisine. Le prix exorbitant de ces denrées de luxe explique non seulement l'enrichissement des Nabatéens, mais aussi l'extension progressive de leur domaine le long des principales voies dont ils cherchaient à s'assurer le contrôle : dans le Néguev et le Sinaï, mais aussi vers le nord, à l'extrémité de la piste du wadi Sirhan qu'empruntaient les marchandises acheminées depuis le golfe Arabo-Persique. C'est aussi l'un des motifs qui ont plus tard poussé les Romains à intervenir dans leur pays.

Ces deux monnaies donnent une idée du numéraire nabatéen, qui ne comprend que des pièces d'argent et de bronze. La pièce d'argent (à gauche), datée de l'an 1 d'Arétas IV (9/8 av. J.- C.), représente le roi et tout autour, on lit son nom et son titre officiel : «ami de son peuple». Sur la monnaie de bronze (à droite), sont figurés les bustes jumelés de Rabbel II, le dernier roi nabatéen, et de sa mère, la reine Shaqilat qui exerça la régence au début du règne de Rabbel, entre 70 et 76 apr. J.-C.

La période hellénistique

L'histoire des Nabatéens s'est déroulée dans un Proche-Orient dominé d'abord par l'affrontement des deux monarchies hellénistiques issues de l'empire d'Alexandre, celle des Lagides en Egypte et celle des Séleucides en Syrie. Ces derniers ont pris le dessus sur l'ensemble de la région Syrie-Palestine à partir de la fin du IIIe siècle av. J.-C. Tant que ces souverains ont conservé une autorité forte, les Nabatéens sont restés cantonnés dans les confins désertiques du domaine séleucide. On ne connaît guère, pour cette époque, qu'une inscription nabatéenne mentionnant un roi Arétas, peut-être Arétas Ier, datée de 169-168 av. J.-C.

Puis l'affaiblissement du pouvoir séleucide, en proie à des dissensions internes et tenu en échec par Rome, a laissé la place au développement de principautés nouvelles autour de chefs indigènes. Révélée par Diodore et Strabon, la révolution dans le cadre et le mode de vie nabatéens entre le IIIe et le Ier siècle av. J.-C. a été portée par une évolution parallèle de la société et du pouvoir : d'une organisation tribale, dans laquelle le chef (traduit en grec par «phylarque») devait sans doute négocier au jour le jour son autorité en tant que *primus inter pares*, on est passé à un système inspiré, de près ou de loin, par le modèle des monarchies hellénistiques. Le titre grec de «tyran» d'Arétas Ier, puis celui de «roi», assumé sans doute à partir de Rabbel Ier (vers 87 av. J.-C.), marquent dans les sources des

L'association fréquente du souverain et d'une reine, épouse ou mère, se rattache aux traditions hellénistiques, plus particulièrement ptolémaïques, et souligne la continuité et l'indépendance de la dynastie.

Cette inscription incomplète trouvée à Pétra commémore une «construction faite par [...], fils de Diodoros chef des cavaliers [...], pour le salut d'Arétas, [roi de Nab]atène, et de la reine Haganu, [fille de] Malichos, roi de Nabatène», en 10 apr. J.- C. La cavalerie nabatéenne était très renommée et la fonction ici nommée de «chef des cavaliers» était un poste important, un officier proche du souverain. L'inscription date du règne du grand roi Arétas IV. Ce dernier avait eu beaucoup de peine à accéder au trône, en 9 av. J.- C., à cause des intrigues du ministre Syllaios et de l'opposition de Rome, dont l'influence était alors décisive. La reine Haganu dont il est question sur la stèle n'est pas son épouse, mais la fille d'un roi antérieur.

étapes significatives. Les épithètes royales, comme celle d'Arétas III «Philhellène», puis en contraste celle d'Arétas IV «Ami de son peuple» et celle de Rabbel II «Sauveur», s'inscrivent dans une tradition hellénistique.

La frappe de monnaies, selon des types inspirés au départ par les mêmes modèles, est une autre marque de ce pouvoir. Les premières monnaies d'argent sont émises par Arétas III (84-62 av. J.-C.), que les commerçants de Damas ont appelé à régner sur leur ville en 84 avant notre ère, pour protéger leurs caravanes contre les exactions d'autres tribus arabes, les Ituréens, installées dans l'Anti-Liban voisin.

Le roi nabatéen apparaît donc comme un recours sûr et efficace à l'échelle régionale, et c'est sous le règne damascène d'Arétas III que le royaume nabatéen atteint sa plus grande extension vers le nord.

Rome contre les Nabatéens

Le royaume juif des Hasmonéens, au IIe siècle av. J.-C., est devenu le principal adversaire des Nabatéens, qui vont jusqu'à prendre parti dans les conflits internes opposant différents clans à Jérusalem. Ces interventions les conduisent à des

Ce tombeau creusé dans la falaise de la Khubthah à Pétra, après la série des grandes sépultures princières, est celui d'un gouverneur romain, Titus Aninius Sextius Florentinus, qui fut «légat impérial propréteur de la province d'Arabie».

confrontations avec Rome qui, avec le général Pompée, a définitivement assis son pouvoir au Proche-Orient dans les années 64-63 av. J.- C. Pétra est assiégée et le royaume nabatéen subit plusieurs invasions sous Obodas II (62-60) et Malichos Ier (60-30). En retour, Obodas III fait échouer une expédition romaine vers l'Arabie méridionale en 25-24 av. J.-C. En effet, à la suite de la découverte des vents de mousson qui permettent de remonter la mer Rouge, les Romains, cherchant à réduire les intermédiaires pour accroître leur profit, ont développé une variante maritime de la route de l'encens, en détournant le trafic vers les ports égyptiens de la mer Rouge et de là, par caravanes, vers le Nil et Alexandrie, principal centre de redistribution des denrées vers la Méditerranée. Ils ont ainsi porté atteinte au trafic caravanier dont les dernières étapes étaient sous le contrôle des Nabatéens. C'est peut-être dans cette phase que les Nabatéens se sont tournés davantage vers l'exploitation agricole des quelques domaines fertiles placés sous leur autorité, comme la Syrie du Sud autour de Bosra. Le règne d'Arétas IV (9 av.-40 apr. J.-C.) marque l'apogée de la prospérité du royaume. C'est alors, semble-t-il, que sont entrepris de vastes programmes de construction, notamment à Pétra. Mais l'influence romaine grandit sous ses successeurs, Malichos II (40-70) puis Rabbel II (70-106), qui fait de Bosra sa deuxième capitale.

C'est grâce à une inscription latine gravée très haut au-dessus de la porte du tombeau que l'on a quelques informations sur la carrière de Sextius Florentinus, à peine connu par ailleurs (il avait pourtant été légat de légion en Bretagne, questeur en Achaïe et proconsul de la Narbonnaise). Il a dû gouverner l'Arabie sous le règne d'Hadrien, entre 126 et 130, et mourir à Pétra, avant d'avoir été désigné comme consul. Bien que le chef-lieu de la nouvelle province soit alors Bosra, on sait qu'au début au moins, les gouverneurs venaient régulièrement dans l'ancienne capitale qui bénéficiait d'ailleurs du titre de «métropole» pour y tenir leurs assises, comme l'indiquent les «archives de Babbatha», un lot de papyrus découverts près de la mer Morte et relatifs aux procès que soutient une dame de la région. Par la suite, les gouverneurs romains seront moins assidus à Pétra.

La «fin» des Nabatéens

Rome, qui dans un premier temps, a maintenu en place la dynastie nabatéenne, décide en 106 de passer à l'administration directe en créant la province d'Arabie dont le chef-lieu sera Bosra et non Pétra. Cette dernière survit cependant. Quoique située près de la nouvelle route construite par Trajan pour relier Bosra à Aqaba, Pétra n'est plus un grand centre caravanier – le trafic s'est déplacé vers Palmyre – et se développe simplement comme une ville secondaire du monde romain d'Orient.
De grands travaux d'urbanisme témoignent de sa prospérité pendant la longue période de «paix romaine».
La réorganisation administrative de la fin du IVe siècle en fait la «métropole» de la nouvelle province nommée Palestine Troisième, et après l'avènement du christianisme, elle devient le siège d'un évêché. La présence d'églises richement décorées et ornées de mosaïques montre que, contrairement à ce qu'on a longtemps cru, les tremblements de terre de l'époque byzantine n'ont pas provoqué la ruine et l'abandon de Pétra. Mais le noyau nabatéen de sa population, encore identifiable grâce aux noms que livrent des papyrus, paraît se fondre dans l'arrivée progressive de nouveaux habitants arabes qui s'installent à sa périphérie.

On a longtemps cru que Pétra ne recelait aucune église construite. Depuis 1990, une mission américaine et le département des Antiquités ont fouillé cette église, édifiée au Ve siècle dans le centre de la ville, au nord de la rue à colonnades, sur la croupe du Jebel Qabr Jumay'an.

Les indications manquent sur ce que devient Pétra au moment de la conquête musulmane puis sous les Omeyyades. Restée à l'écart de la «renaissance» de cette époque, elle a été progressivement vidée de ses habitants par des séismes, notamment celui de 747. Les quelques sources médiévales dont nous disposons, des chroniques «franques» ou arabes, restent à peu près muettes sur sa population et ne mentionnent plus que ses forts construits au XIIe siècle.

La construction de l'église réutilise de nombreux éléments nabatéens et romains. Le plan est celui d'une basilique à trois nefs précédées d'un atrium à portique (à gauche, vue aérienne). Sur les bas-côtés, on remarque des mosaïques bien conservées. Les médaillons représentent d'un côté des paniers et des vases, de l'autre des animaux entourant des figures symboliques, comme l'Océan, les Saisons (ci-dessous l'Eté). Dans l'une des pièces adjacentes fut découvert un important ensemble de papyrus des Ve-VIe siècles. Carbonisés dans l'incendie de l'édifice à la fin du VIe siècle, ils ont cependant pu être déchiffrés grâce à l'emploi de procédés ultra-modernes et se révèlent essentiels pour la connaissance de l'époque byzantine dans la région.

L'espace nabatéen

Il est difficile de tracer les limites précises d'un «territoire» nabatéen d'après les sources anciennes parce que son étendue n'a cessé de changer, en particulier au cours des conflits avec les Hasmonéens au Ier siècle avant notre ère. On peut cependant reconnaître, à côté d'un noyau continu qui correspond à l'ancien royaume d'Edom, dans le sud de la Transjordanie, des zones d'étendue variable sur lesquelles s'est exercée l'autorité de la dynastie nabatéenne : on sait qu'Arétas III a été appelé à régner à Damas entre 84 et 72 av. J.-C. D'autre part, on peut supposer qu'à la périphérie du royaume, la monarchie exerçait moins une souveraineté territoriale qu'un contrôle des itinéraires caravaniers, en particulier sur la piste d'Arabie où la dernière étape nabatéenne était Hégra (Médaïn Saleh), dans le Hedjaz. D'autres tribus arabes assuraient le transport plus au sud, alors que les Nabatéens convoyaient eux-mêmes les produits à travers le Néguev, vers Gaza, principal débouché sur la côte méditerranéenne de leurs caravanes, comme auparavant de celles venues de Ma'in en Arabie Heureuse. Les témoins de la présence nabatéenne sur cet itinéraire sont clairs : on y a trouvé l'une des plus

anciennes inscriptions nabatéennes. Cette région a bénéficié aussi d'un effort de mise en valeur agricole comparable à celle qui a été observée dans la périphérie de Pétra. Il n'est cependant pas prouvé qu'elle date de l'époque nabatéenne. Les auteurs anciens donnent aussi quelques indications sur la présence nabatéenne dans le pays de Madian, à l'est du golfe d'Aqaba, et sur le port de Leuké Kômé. D'importants vestiges ont été découverts à Qasrawet, dans le Sinaï, que traversaient les pistes qui menaient à Alexandrie.

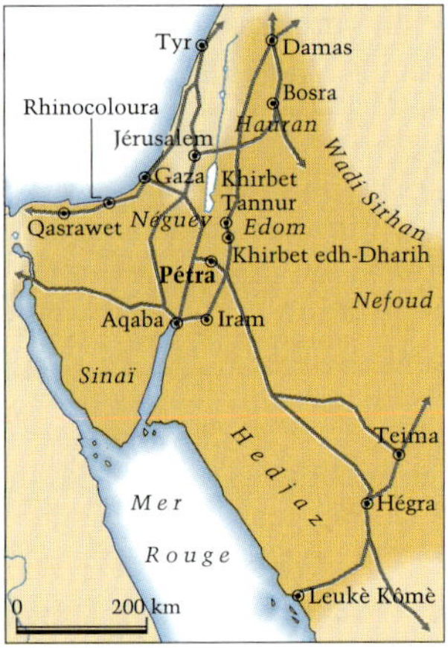

Les frontières du domaine nabatéen, dans sa plus grande extension, restent imprécises : au-delà du cœur du royaume, constitué par le centre et le sud de l'actuelle Jordanie (pays de Moab et d'Edom) et par le Néguev, jusqu'aux ports de Gaza et de Rhinocoloura, il s'étendait vers le nord jusqu'en Syrie méridionale, et dans les autres directions le long des principales pistes du Sinaï, qui menaient vers Alexandrie, et de l'Arabie.

L'emprise nabatéenne sur une partie de l'actuelle Syrie méridionale est bien assurée. La place de Bosra comme deuxième capitale du royaume est confirmée par de nombreuses découvertes, en fouille, de céramique nabatéenne peinte dans une grande partie de la ville, alors que cette poterie est très rare dans tout le reste du Hauran. Les vestiges les plus parlants sont des restes d'architecture bien caractéristique, avec des chapiteaux corinthiens lisses, un arc monumental et un grand édifice, peut-être un sanctuaire, qui semblent esquisser un véritable plan d'urbanisme nabatéen.

Dans le centre de Bosra, la «porte nabatéenne» (ci-contre) avec son chapiteau à cornes, construite en basalte comme toute l'architecture de la région, est une marque monumentale du remodelage imprimé à la ville par les derniers rois nabatéens. Située dans un terroir fertile, Bosra devint la seconde capitale de Rabbel II, «sauveur de son peuple» : ce titre signifie peut-être qu'il apporta une nouvelle prospérité au peuple nabatéen, qui aurait souffert d'un déclin quand les Romains détournèrent par voie maritime vers Alexandrie une partie de l'ancien trafic caravanier.

Des inscriptions trouvées dans la région de Bosra et jusqu'à Hégra étaient dédiées à «Dusarès, dieu de notre Maître, qui est à Bosra», ce «Maître» étant le roi Rabbel II. L'implantation du culte dynastique nabatéen à Bosra, où Dusarès est assimilé à une divinité locale, Aarra, est significative du rôle nouveau donné sous son règne à cette région.

En dépit de ses limites floues et changeantes, se dessine donc un «monde nabatéen» étendu et divers, dont la cohésion est cependant bien attestée par de nombreuses références cultuelles qui renvoient essentiellement au «dieu du Sharâ», c'est-à-dire au culte principal de Pétra.

Divinités arabes et syncrétisme

Le panthéon nabatéen est en effet dominé par Dusarès : dieu du Sharâ, la montagne culminant à l'est de Pétra et de Gaia (l'actuel village de Wadi Mousa), il est le protecteur de la dynastie royale. Un texte byzantin décrit son bétyle et des sacrifices sanglants dans son temple à Pétra.

Au même fonds arabe, dont l'origine précise est toujours discutée, appartient al-Kutbâ, dieu de l'écriture et de la divination. Le groupe des déesses

Le grès de Hégra est creusé de 81 grands tombeaux aux très hautes façades (ci-dessus), semblables à celles de Pétra, et de sanctuaires rupestres. Placé tout près d'une oasis, c'était le dernier poste nabatéen important pour les caravanes sur la piste d'Arabie Heureuse. A l'inverse de Pétra, le site est formé d'un énorme massif de rocher qui surgit au milieu d'une vaste étendue de sable, et chaque ensemble de tombes porte un nom (ici, el-Khusruf).

Allât («la déesse») et al-'Uzza («la Très Forte»), ainsi que Manawât, entourant Allah (al-Ilah, «le dieu») est représentatif du paganisme arabe préislamique. Mais les Nabatéens ont aussi adopté des divinités de leurs prédécesseurs, comme le dieu Qôs des Edomites, ou des peuples voisins, tel le Syrien Baalshamîn. On peut lire à Pétra une dédicace à Atargatis, déesse de Menbidj en Syrie du Nord. Avec la diffusion du panthéon gréco-romain, très différente selon les régions, le jeu des assimilations, qui n'a rien de mécanique, se complique : par exemple, Dusarès est identifié tantôt à Dionysos, tantôt à Zeus, lui-même équivalent de Baalshamîn; al-Kutbâ est assimilé à Hermès-Mercure, Allât à Athéna-Minerve, Manawât à Némésis, et al-'Uzza, particulièrement adorée dans le Sinaï et le Néguev, à Vénus-Aphrodite Ourania (Céleste) et même à Isis, car la déesse égyptienne est en grande faveur à Pétra, où les influences alexandrines sont manifestes.

Dans la paroi du Sîq, les «panégyriarques» (chefs des fêtes), venus d'Adraa en Syrie du Sud pour participer dans la capitale aux fêtes de Dusarès, ont gravé leurs noms en grec. L'un d'eux a fait tailler dans une niche le bétyle du Dusarès d'Adraa (ci-dessus), dont la forme ovoïde caractéristique se retrouve sur des monnaies de sa cité. Une représentation anthropomorphique de dieu ou de déesse de type syrien, sculptée dans une niche voisine, a été arasée par des iconoclastes.

Beaucoup de ces cultes se perpétueront jusqu'à l'expansion du christianisme au cours des IVe et Ve siècles, et subsisteront même, dans le Hedjaz par exemple, jusqu'à l'Islam.

L'iconographie a joué un rôle déterminant dans beaucoup de ces «interprétations». Avec la sédentarisation des Nabatéens et leur ouverture au monde gréco-romain, les images divines importées ou inspirées de modèles classiques se multiplient à côté des bétyles, sans d'ailleurs les supplanter tout à fait. Objet de culte caractéristique des croyances arabes préislamiques, et plus largement du Proche-Orient ancien, cette pierre dressée n'était pas à proprement parler la représentation d'une divinité, mais plus exactement la marque de la présence du divin. Ce qui explique qu'elle ait pu trouver sa place à certains moments dans des religions monothéistes : la pierre de Jacob (dans l'Ancien Testament) et la Kaaba de La Mecque (dans l'Islam) appartiennent à la même tradition.

Ainsi la civilisation nabatéenne, tout particulièrement dans ses aspects religieux, laisse-t-elle transparaître jusqu'à une époque tardive, sous les emprunts de toute nature, un vieux fonds arabe, hérité de la période nomade et resté vivace malgré le changement radical qu'a représenté la sédentarisation. Un élément déterminant dans cette mutation a été le choix et l'aménagement d'un site bien surprenant pour une ville, celui de Pétra.

Ce buste en médaillon d'un dieu barbu, portant une épaisse couronne, figurant sans doute Dusarès (ci-contre), est un bon exemple de représentation de type anthropomorphique, qui n'a plus rien de commun avec les images bétyliques pourtant contemporaines : l'expression animée donnée au visage dénote une influence hellénistique très appréciée par certains courants de l'art nabatéen.

La déesse de Khirbet Tannur (ci-dessous), couronnée de poissons et parfois d'épis, se détachait sur les pilastres du temple. Il s'agit peut-être de Derkéto, qui se confondait avec la grande déesse syrienne Atargatis, dont le culte s'est répandu jusqu'en Nabatène.

L'archéologue d'aujourd'hui, qui cherche sur le terrain à retrouver la Pétra des vivants, est frappé par l'ampleur et l'intelligence des aménagements réalisés par les Nabatéens pour créer une ville dans un site inhabituel, pour la faire vivre et la défendre. Maîtriser un environnement aussi difficile supposait le génie de l'adaptation de la part de ces anciens nomades.

CHAPITRE III
DU REFUGE À LA CAPITALE CARAVANIÈRE

L'urne couronnant le Deir (à gauche) domine les massifs de grès multicolores bordant le cirque de Pétra. Ci-contre, une tête d'homme ou de dieu, trouvée à Khirbet Tannur, et due sans doute à un artiste indigène : le traitement stylisé et géométrique, l'importance du regard, sont de tradition orientale.

La perspective de l'archéologue

Envoûtés par l'étrangeté du site et de ses monuments taillés dans le roc, les explorateurs de Pétra ont été accaparés d'abord par les tombeaux et lieux de culte rupestres : il y a peu, des auteurs supposaient qu'elle n'était pas une ville, mais simplement une nécropole et un grand sanctuaire.

La vie concrète d'une agglomération humaine, qui devait assurer, dans un environnement particulièrement difficile, la subsistance, la circulation, la défense des habitants et affirmer l'identité sociale, politique et religieuse d'une cité, n'a longtemps suscité qu'un intérêt limité. Or, on ne peut comprendre la Pétra des vivants qu'en cessant de considérer ce site comme une exception pour le soumettre à une enquête archéologique et historique normale, qui ne lui fera pas perdre pour autant sa fascination.

Pour l'archéologue confronté au terrain, les deux textes de Diodore et de Strabon suggèrent une nouvelle voie de recherches, l'utilisation de l'espace par les Nabatéens à chacune des étapes de leur histoire. En l'absence de textes plus explicites, c'est cet espace qui a gardé les traces de la révolution qui s'est produite entre la fin du IVe siècle et le tournant de l'ère chrétienne. Comment les Nabatéens ont-ils maîtrisé l'environnement et ses maigres ressources pour en faire un espace cultivé dans certains secteurs, urbanisé dans d'autres, en même temps qu'ils se sont transformés eux-mêmes dans leurs modes de vie? A quelle expérience technologique pouvaient-ils faire appel pour gérer l'eau et la terre et construire une ville? Quelle est l'incidence de ces changements sur leur culture, que révèlent les inscriptions, mais aussi l'art?

En attendant une extension des fouilles qui n'ont encore touché qu'une surface infime du site, il faut partir d'un état des lieux avec un inventaire cartographié aussi exhaustif que possible de toutes les catégories de vestiges conservés. Cette tâche a été engagée au début du siècle, mais dans une perspective surtout monumentale. Des documents nouveaux sont aujourd'hui disponibles.

Au-delà du Deir dont on aperçoit l'esplanade, s'entremêlent des massifs de grès, de granits et de porphyres coupés de ravins abrupts. C'est la bordure ouest du socle arabique. Cette barrière met Pétra à l'abri des incursions venant de l'ouest et explique sans doute en partie le choix du site comme refuge.

Le parcours du visiteur (double page suivante, de droite à gauche) : dans le secteur de Bab es-Sîq, les tombeaux «Djinn», le tombeau aux Obélisques et son *triclinium*, puis le défilé du Sîq et la Khazneh (au centre, en bas). Le cours du wadi Mousa s'élargit jusqu'au théâtre et à la ville basse : à droite le tombeau dit d'Unaishu et les grandes façades de la Khubthah, couronnée par un haut lieu. A gauche, avant le théâtre, la montée vers le haut lieu du Djebel Madhbah, d'où l'on redescend par le wadi Farasa (en bas à gauche : tombeaux au Jardin, du Soldat romain, Renaissance) pour gagner la ville basse par la «colonne du Pharaon». La rue à colonnades mène au Qasr el-Bint. De là, vers le nord, le tombeau «du Turcoman» et le chemin du Deir (en haut à gauche).

Grâce à des couvertures complètes par photographies aériennes et par images de satellites, de nouvelles explorations sur le terrain ont réuni plus de trois mille deux cents vestiges archéologiques, qui vont du barrage sur un wadi ou d'une carrière à la simple inscription. L'étude fine de leur distribution nous fait entrer dans le projet nabatéen d'occupation, d'exploitation et d'organisation de la zone de Pétra.

Un site paradoxal

Une première constatation s'impose : l'espace urbain est organisé sur un modèle différent de celui des villes traditionnelles du domaine méditerranéen et du Proche-Orient. A Pétra, les vestiges sont dispersés sur un espace d'une dizaine de kilomètres de diamètre, avec sans doute une concentration au centre et des noyaux périphériques. Il devient difficile de définir les limites précises de la ville. Dans la ville classique, en revanche, l'espace intérieur, politique, juridique ou religieux, s'oppose clairement à l'extérieur. Une ligne de remparts les

Le théâtre, agrandi à plusieurs reprises, remonte dans son premier état à l'époque nabatéenne, peut-être au règne d'Arétas IV. Pour creuser les gradins, qui pouvaient contenir de 3 à 6 000 spectateurs, on a entaillé une ancienne nécropole, dans le secteur appelé «rues des façades», où 44 tombeaux de divers types s'alignaient le long de quatre terrasses superposées. Ce secteur montre bien l'extension des aménagements effectués dès l'époque nabatéenne pour creuser les falaises et tirer parti des dénivellations, des failles et des ressauts.

Vue du sud-est, depuis le sommet du Djebel Madhbah où se trouve le principal haut lieu, la ville basse s'étend dans son cirque de montagnes, de part et d'autre de la voie à colonnades. En face se dresse le Djebel ed-Deir, et plus bas l'«acropole» d'el-Habis, couronnée par un autre haut lieu et par un fort médiéval. Elle paraît bien basse au pied de la montagne tabulaire d'Umm el-Biyara, la «mère des citernes», qui domine le paysage de sa masse imposante, haute de 300 mètres (au fond). Même si ce massif d'un accès très difficile n'est pas sûrement reconnu comme étant l'ancienne Sela, que mentionne la Bible, il s'agit probablement de la «Roche» primitive de Pétra : des fouilles y ont mis au jour les restes d'une agglomération édomite du VIIe siècle, de grandes citernes, et un lieu de culte nabatéen. C'est sans doute là que les Nabatéens nomades abritaient leurs richesses et se réfugiaient en cas de danger.

sépare. Pour sa défense, elle est autant que possible placée en position dominante, avec une acropole, alors que Pétra est au fond d'un cirque d'environ trois kilomètres sur cinq, dominée de tous côtés par des hauteurs escarpées : la dénivellation atteint parfois trois cents mètres.

D'autre part, la ville classique est située à proximité d'une source ou d'une rivière, lui assurant un approvisionnement régulier en eau, et d'un minimum de terres agricoles fournissant au moins une part de sa subsistance. Un site pourvu de toutes ces ressources était disponible à cinq ou six kilomètres seulement à l'est du centre de Pétra, à proximité d'un ensemble de sources, dont la «Source

de Moïse» (Aïn Mousa), permettant d'irriguer une zone de jardins et des terrasses de culture mieux arrosées par la pluie sur la pente du Djebel Sharâ. Il est occupé par l'actuelle agglomération de Wadi Mousa. Une partie de ce site est en position dominante et pouvait être renforcée par un système de fortifications classique. Il est en outre situé sur la route traditionnelle qui remonte du golfe d'Aqaba vers le nord, la célèbre «route des rois», utilisée sans aucun doute à toutes les périodes et en particulier à l'époque nabatéenne. Or une ville classique est logiquement implantée sur une voie de communication. Pétra est à l'écart de cette route et des autres voies qui la contournent à des distances variables ou ne l'atteignent que par des passages d'une extrême difficulté. Il faut tenter de comprendre pourquoi le choix ne s'est pas porté sur le site de Wadi Mousa, mais sur un site très différent, sans doute proche, mais dépourvu de tous ces atouts.

Du refuge à la ville

Les épisodes rapportés par Diodore nous éclairent quelque peu. Le lieu appelé «la Roche» (*hè Pétra*, Pétra), dont cherchait à s'emparer le général grec Athénaios en 312 av. J.-C., n'était pas une ville au sens

classique, mais un site refuge choisi par une tribu nomade pour la protection que lui assurait un paysage très accidenté. Il abritait sans doute également des installations cultuelles et funéraires qui en faisaient un point de référence fixe dans les déplacements d'un groupe de nomades éleveurs et caravaniers. Ces derniers avaient impérativement besoin de dépôts pour les richesses acquises.

Ce choix premier de Pétra comme refuge naturel explique une partie des traits caractéristiques que gardera la ville. La tâche majeure de la population et du pouvoir nabatéen fut précisément la transformation de cet espace primitif en ville. Il fallait lui trouver, à cette nouvelle échelle, les ressources pour l'alimenter et les moyens de la protéger. Il fallait développer de nouvelles formes d'habitat, pour les hommes comme pour les

Le débouché du Sîq en face de la Khazneh (à droite) montre bien l'étroitesse du défilé, simple fissure dont la largeur ne dépasse pas une dizaine de mètres. Sa longueur, son parcours sinueux et la hauteur de ses parois qui atteint parfois une centaine de mètres, en font une voie d'accès particulièrement facile à défendre et renforcent l'aspect de forteresse naturelle que revêt le site. Des secteurs entiers du pavé antique, en pente légère, sont aujourd'hui dégagés. Tout au long du Sîq, on observe de nombreuses niches et des dédicaces. L'atmosphère mystérieuse et parfois oppressante due à la pénombre accentue cette impression de «voie sacrée».

dieux, organiser les circulations et délimiter la place des vivants et des morts. Sur tous ces points, leurs voisins hellénisés, puis romanisés du Proche-Orient offraient des modèles aux Nabatéens. Au lieu de les suivre, ces derniers ont souvent choisi des solutions différentes.

La maîtrise de l'eau

Pour créer une ville, il fallait commencer par s'assurer les ressources élémentaires nécessaires à une vie collective, et d'abord l'eau. Les sources

De part et d'autre du Sîq, des fissures latérales et d'étroites ravines ont été transformées dès l'époque nabatéenne en voies d'accès vers les hauteurs environnantes. Dans le grès ont été creusés des escaliers (ci-contre) et des pentes fort raides, étroits et faciles à obstruer, parfois si érodés qu'on les distingue à peine de nos jours. Il en est de même dans tous les ravins et sur toutes les hauteurs de Pétra et des environs, en particulier en direction des principaux hauts lieux et du Deir. Comme dans toute ville englobant des hauteurs, les «rues» de Pétra sont majoritairement des volées d'escaliers, mais à une échelle inconnue ailleurs. Dans un paysage aussi mouvementé, si l'on met à part le secteur central de la ville basse, l'organisation des circulations ne pouvait obéir à un plan de voirie classique, dans une agglomération où le peuplement s'est sans doute développé à partir de plusieurs noyaux.

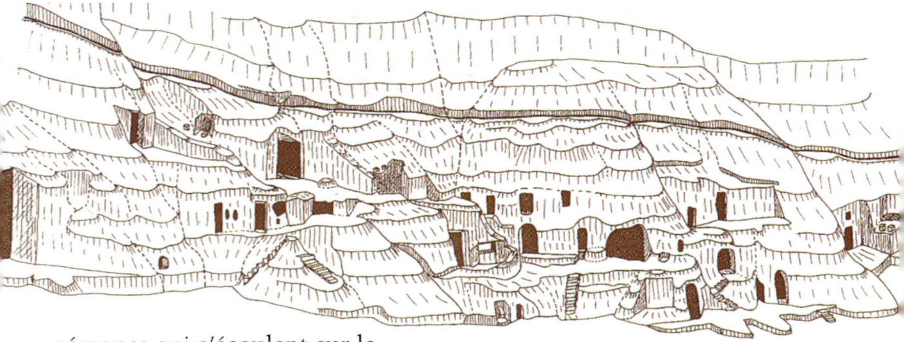

pérennes qui s'écoulent sur le site n'offrant qu'un débit dérisoire, c'est la collecte des eaux de pluie qui devait répondre à l'essentiel des besoins. Or, dans ce climat semi-désertique, les pluies sont très rares. La seule compensation était de les recueillir sur la plus vaste surface possible. Là se trouve peut-être une explication de l'implantation, inhabituelle pour une ville, de Pétra dans une cuvette.

Toute l'eau qui tombe sur un bassin versant de 92 kilomètres carrés, sur des terrains qui en absorbent une très faible quantité, s'y concentre en quelques heures en masses considérables et parfois destructrices. L'axe de cet écoulement est le wadi Mousa qui, non canalisé, amenait en permanence dans le site urbain une partie de l'eau d'Aïn Mousa, la source la plus abondante du secteur.

L'exploration systématique de toute la zone de Pétra a révélé une grande variété d'installations conçues et entretenues avec intelligence pour la collecte et la distribution de l'eau, après une analyse minutieuse de la configuration du relief, qui est extrêmement irrégulier. Collectée sur les surfaces rocheuses, l'eau était conduite par des canalisations, creusées dans le rocher ou parfois construites, dans des réservoirs à ciel ouvert ou dans des citernes.

Certains de ces travaux ont une extension modeste et pouvaient être menés à bien par un petit groupe à l'échelle familiale. Des barrages fermant des gorges et

Un réseau hydraulique considérable fut réalisé au nord-est du site (ci-dessus, relevé par R. Saupin), et surtout au sud-est, pour capter, conduire et distribuer l'eau de sources coulant à plusieurs kilomètres de là. Le tracé des conduits selon une pente régulière soigneusement calculée et leurs aménagements traduisent une remarquable maîtrise technique : ce sont tantôt des tuyaux en terre cuite (ci-dessus), tantôt des canalisations taillées dans la roche et rendues étanches par un enduit hydraulique.

alimentant des réservoirs souvent disposés en chaîne représentaient un investissement plus important. Ces installations ont été complétées par tout un réseau de canalisations à grande distance, d'un rendement supérieur, amenant à Pétra l'eau des sources les plus importantes du rebord du plateau, qui surgissent à plusieurs kilomètres, jusqu'à des quartiers placés nettement au-dessus du niveau du wadi Mousa. Ce réseau, dont la réalisation traduit une maîtrise technique impressionnante, est un programme de grande envergure, hors de portée d'une communauté restreinte. Une autre opération de premier plan consistait à protéger des inondations brutales le défilé du Sîq en déviant par un tunnel les crues du wadi Mousa vers un affluent. Sans doute progressivement, l'autorité nabatéenne a compris et maîtrisé l'économie de l'eau à Pétra.

Le wadi Mousa ayant été dévié, un chenal taillé dans la paroi gauche du Sîq (en haut) amenait vers la ville l'eau de l'abondante source d'Aïn Braq. Les Nabatéens étaient aussi passés maîtres dans l'art de creuser et d'aménager des citernes (ci-dessus).

La mise en valeur agricole

Cette eau servait d'abord à la consommation des habitants et du bétail, mais aussi à l'arrosage des jardins grâce aux citernes. Des traces d'aménagements agricoles restent bien visibles autour de Pétra. Des terrasses de culture classiques, par exemple dans le secteur du village de Wadi Mousa, mais aussi un système plus original de barrages étagés coupant le cours de petits wadis, forçaient l'eau de pluie à s'infiltrer tout en retenant les alluvions. Cette lutte contre l'érosion des sols a été efficace tant que les barrages étaient régulièrement entretenus : la plupart d'entre eux ont été rompus ou emportés après l'abandon du site.

Un troisième type de dispositif comprenait un canal de dérivation et des murets découpant des parcelles et contribuant à la distribution de l'eau : bien que l'endroit où on observe ait curieusement gardé le nom de «jardins romains», cette organisation rappelle plutôt des méthodes utilisées en Arabie du Sud.

Les renseignements sont peu nombreux sur ce qu'on cultivait : quelques céréales probablement, puisqu'on trouve des traces d'orge et de blé dans les alentours dès le Néolithique; des arbres fruitiers, peut-être aussi de la vigne, comme l'indique la découverte de pressoirs taillés dans le rocher. On pratiquait surtout l'élevage des moutons et des chèvres. Chameaux et chevaux pouvaient trouver des pâturages à Wadi Mousa et Beida. Dans d'autres régions de la Nabatène, près de la mer Morte, dans les oasis du Sinaï et d'Arabie, le palmier dominait, la vigne poussait bien dans le Néguev, et la fertile Syrie méridionale était renommée, entre autres cultures, pour son blé.

Dans une salle de banquets du «petit Sîq», ou Sîq el-Bared, situé à quelques kilomètres au nord de Pétra, le plafond voûté est peint d'une fresque animée par des oiseaux, de petits Amours et un jeune flûtiste, au milieu de rinceaux de vigne aux lourdes grappes (ci-dessous). Ce décor montre l'importance

de la vigne et du vin chez les Nabatéens, attestée par de nombreuses découvertes archéologiques et soulignée dans le texte de Strabon sur les banquets où l'on buvait dans des coupes d'or.

Aux environs de Pétra, le secteur de Zurrabeh est aménagé en terrasses de culture dont beaucoup pourraient remonter à l'époque nabatéenne. On en voit notamment tout autour de l'agglomération actuelle de Wadi Mousa et sur la route de Pétra à Shaubak. Aménagées selon les courbes de niveau, elles portent de petits champs, des jardins et des arbres fruitiers. Ce système classique et très répandu permet de tirer le meilleur parti d'un terrain mouvementé. Mais les Nabatéens le combinaient avec d'autres méthodes moins connues dans le domaine méditerranéen. L'ampleur de ces dispositifs traduit une grande ingéniosité, un sens remarquable de l'adaptation au terrain, et le souci de lutter de façon permanente contre l'érosion, de préserver et d'accumuler les sols utilisables et les alluvions des wadis, afin d'assurer la subsistance d'une agglomération importante.

Tous ces aménagements hydrauliques et agricoles sont encore loin d'être sûrement datés. Ils étaient en tout cas indispensables à la vie d'une agglomération urbaine dont l'importance était réelle dès l'époque nabatéenne, comme le suggèrent de nouveaux indices sur le développement de l'habitat et une série de grands monuments datés du Ier siècle av. J.-C. au IIe siècle apr. J.-C.

Il est surprenant de voir d'anciens nomades mettre au point et réussir un programme aussi ambitieux, en exploitant de façon très complète les ressources disponibles, ce qui suppose une observation minutieuse du terrain mais aussi des techniques

parfaitement maîtrisées. Pour certains travaux, les Nabatéens ont pu faire appel à leur expérience propre. Diodore souligne l'habileté qu'ils avaient acquise dès leur phase nomade dans le creusement de citernes étanches et soigneusement dissimulées et la gestion de l'eau dans le désert. Pour la protection et l'exploitation du sol, deux des trois dispositifs observés à Pétra se distinguent nettement des pratiques du monde méditerranéen. Sur quelle tradition technologique sont-ils fondés? Celle d'agriculteurs sédentaires édomites occupant la région avant l'arrivée des Nabatéens, ou celle de populations plus lointaines de l'Arabie du Sud où ces techniques d'irrigation sont attestées? Il est frappant que l'un des traités agronomiques les plus célèbres du monde arabe médiéval se réfère aux Nabatéens.

Pétra est constellée de troupeaux de petites chèvres noires, dont la domestication est attestée dans les alentours depuis le Néolithique.
On trouve aussi trace à Beidha, dès cette époque, de culture d'orge et de blé, dont cette meule (ci-dessus) atteste la permanence à l'époque romaine.

Un système original de défense

Le même sens de l'observation et de l'utilisation du terrain apparaît dans la mise au point d'un système original de défense adapté à ce site complexe. Diodore comme Strabon insistent sur le fait que Pétra n'était pas défendue par des remparts classiques mais fortifiée par la nature elle-même. De fait, il faut faire abstraction des lignes de remparts qui semblent limiter la «ville basse» au nord et au sud : ils datent vraisemblablement de la période romaine tardive.

A la place d'une ligne de défense continue qui, vu sa longueur, n'aurait pu être occupée que par des défenseurs trop espacés pour être efficaces, les Nabatéens ont choisi une tactique mobile et souple appuyée sur un certain nombre de points fortifiés qui sont avant tout des postes d'observation et de communication. Des tours ont été identifiées à la périphérie de Pétra, en particulier sur la crête dominant l'Araba d'où provient la menace principale, d'après le récit de Diodore qui décrit très précisément la tactique nabatéenne. Lors de la deuxième attaque des Grecs, leur chef Démétrios «marcha trois jours en dehors de toute route pour échapper à l'attention des Barbares, mais les guetteurs s'aperçurent de l'incursion et le firent savoir aux Nabatéens par des signaux de feu préparés à l'avance». Cette tactique adaptée au désert remonte donc à leur phase nomade. Elle a continué d'inspirer la défense urbaine de Pétra, fondée essentiellement sur un réseau de fortins placés aux points stratégiques du site urbain et de sa périphérie, au débouché des vallées donnant accès à l'Araba et au sommet d'abrupts inaccessibles.

Les gorges du wadi Sleisel, affluent du wadi Mousa au nord-ouest de Pétra, offrent des abrupts impressionnants. La pointe portait un fortin ou un poste d'observation : cette position commande en effet les liaisons par signaux et par messagers, et des passages trop raides pour avoir servi à d'autres usagers ont été identifiés dans la roche.

C'est au prix d'aménagements considérables que les Nabatéens de Pétra se sont méthodiquement assuré la maîtrise de leur territoire et de ses ressources. La contradiction entre les témoignages de Diodore et de Strabon révèle un changement radical intervenu dans un intervalle de trois siècles. Avec la sédentarisation et l'urbanisation, les valeurs de référence ont changé en même temps que le genre de vie d'une partie au moins de la population. L'analyse des grands travaux réalisés à Pétra dans le domaine hydraulique, l'ampleur des programmes architecturaux et l'imagerie hellénistique du pouvoir qui y est inscrite, suggèrent une autorité forte et organisée.

Les hauts lieux de l'est et du sud offrent des vues d'ensemble sur Pétra. De son rôle primitif de refuge, la ville a conservé une caractéristique remarquable, que font bien ressortir les récentes études sur la répartition des installations, en englobant les hauteurs environnantes, malgré d'impressionnantes différences de niveau.

Dans cet espace urbain hors normes, marqué par un éparpillement de lieux de culte voisinant avec des tombeaux et des habitations troglodytiques, les influences gréco-romaines enrichissent une inspiration orientale qui reste vivace dans l'architecture, bâtie ou rupestre, comme dans les œuvres d'art et les produits de l'artisanat. Habiles à emprunter et à imiter, les Nabatéens ont réussi à créer un style original.

CHAPITRE IV

ANATOMIE D'UNE VILLE

La vue aérienne sur les nécropoles sud (à gauche) permet d'apprécier l'importance des travaux d'excavation qui furent jadis nécessaires pour sculpter la montagne. Le fragment de frise, à motifs guerriers, (à droite) illustre bien une inspiration hellénistique.

La ville-réseau

A Pétra, l'espace urbain est discontinu et la population dispersée en noyaux plus ou moins lâches du centre vers la périphérie. Cette ordonnance peut s'expliquer par les contraintes de l'environnement et la volonté de tirer le meilleur parti des surfaces limitées et fragmentées de terres cultivables, ainsi que des ressources en eau dont la collecte est tributaire du relief imposant l'emplacement des barrages et des citernes. Elle traduit aussi l'histoire de l'occupation du site par

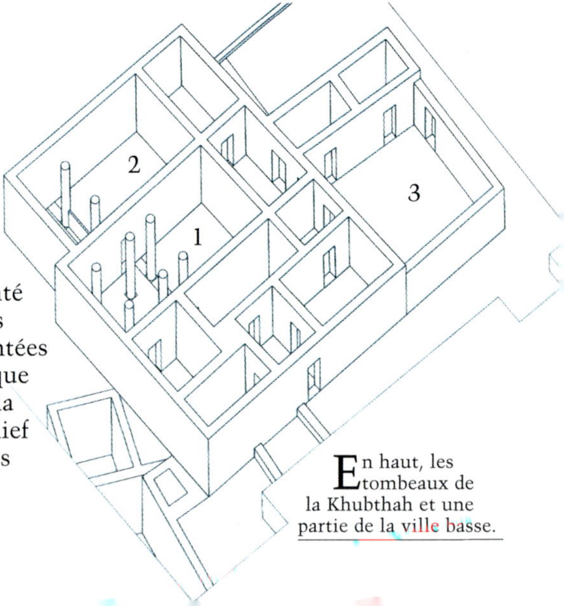

En haut, les tombeaux de la Khubthah et une partie de la ville basse.

une population en pleine mutation. La carte de l'habitat, complétée par celle des lieux de culte et des nécropoles, nous fait entrer plus avant dans l'organisation sociale, mais aussi dans la culture des Nabatéens.

De part et d'autre du wadi Mousa, s'ordonne le centre de la ville antique, dont l'axe majeur, fortement souligné par des aménagements, suit de près le cours d'eau. Cette «ville basse» est loin d'être plane et régulière : au-delà des grands monuments cultuels et publics qui s'étagent en terrasses

superposées sur les deux pentes en vis-à-vis, se juxtaposent des groupes d'habitation escaladant des hauteurs séparées par des ravins. Ces zones d'habitat se développent le long des wadis et des voies d'accès au site jusqu'aux nécropoles et parfois au-delà.

De la tente à la maison : le quartier d'ez-Zantur

C'est la maison qui marque le plus clairement le changement de perspective du peuple nabatéen passé d'un mode de vie fruste de nomades à une vie de citadins. Athénodore, cité par Strabon, a été frappé par l'opulence des maisons de pierre construites à Pétra. Leur existence a parfois été niée alors qu'elles étaient simplement ensevelies sous leurs débris et difficilement identifiables avant une fouille. En revanche, l'habitat troglodytique était toujours resté visible : il vient en premier dans les inventaires. Une troisième forme, l'habitat sous la tente, paraissait jusqu'à une époque toute récente impossible à mettre en évidence, tout au moins pour l'Antiquité. Cette vision a été modifiée par les fouilles suisses dans le quartier d'ez-Zantur, sur la pente dominant au sud

La maison nabatéenne fouillée sur la colline d'ez-Zantur, dans son état du Ier siècle apr. J.-C. (reconstitution en bas, à gauche), succédait à une première maison plus simple du siècle précédent, faite de deux pièces seulement. Celle-ci est beaucoup plus grande. Un toit plat fait de couches superposées d'argile, de nattes et de bois, couvrait la partie gauche, à l'exception de l'*atrium* (1) et du vestibule ou petite cour à colonnades (2), qui laissaient pénétrer l'air et la lumière dans ce secteur destiné à la représentation sociale avec une salle de banquet. Le sol y était en partie couvert de dalles régulières octogonales en calcaire, les murs stuqués et peints (ci-contre), et les colonnes couronnées de chapiteaux corinthiens de type local. En revanche, la partie privée, beaucoup moins raffinée avec son accès unique par une porte étroite, ses chambres petites et sombres, répondait au mode de vie d'une famille orientale. La cour, à droite (3) avait des fonctions utilitaires. Détruite par un incendie au début du IIe siècle, reconstruite vers 300, la maison fut ruinée par les séismes de 363 et de 419.

le centre monumental. Elles ont non seulement fait découvrir les états successifs d'un ensemble de maisons, mais ont aussi fourni des repères chronologiques pour le passage du nomadisme à une organisation sédentaire.

En effet, elles ont révélé trois grandes phases dans l'habitat de ce quartier. Le niveau le plus ancien, constitué de dépôts superposés, avec des fosses, correspond à des campements saisonniers en usage jusqu'à la fin du IIe siècle av. J.-C. A une première construction en pierre, succède, au Ier siècle av. J.-C., une vaste maison soigneusement dallée. Dans la partie monumentale, réservée à la représentation sociale, le décor peint et le plan, avec un vestibule à colonnes et un péristyle, s'inspirent de la Méditerranée hellénisée, tandis que la partie privée, organisée d'une manière irrégulière autour d'une cour, se conforme aux traditions orientales.

Le développement de l'habitat construit commence donc à se dessiner à Pétra : si des maisons modestes en pierre ont existé dans la partie basse, sous la rue à colonnades, sans doute depuis le IIIe siècle av. J.-C., une occupation saisonnière sous la tente a continué dans d'autres quartiers jusqu'à la fin du IIe siècle av. J.-C. Le développement de maisons plus luxueuses,

Le stuc peint, malheureusement conservé de façon très fragmentaire, était largement répandu à Pétra comme dans toute la Nabatène «gréseuse», aussi bien dans les habitations que dans les grands édifices Il protège bien, en effet, les roches tendres. Les motifs rappellent très souvent ceux de la Méditerranée hellénistique, avec des panneaux colorés (ci-contre, dans une habitation rupestre du wadi Siyyagh), et parfois des effets de perspective, des moulures finement sculptées.

influencées par des modèles hellénistiques, semble aller de pair avec les grands programmes d'architecture monumentale.

L'habitat rupestre

L'habitat rupestre, représenté par cinq cents à six cents chambres, a pu constituer une étape dans la sédentarisation des nomades. Les Bédouins utilisent toujours aujourd'hui autour de Pétra des grottes, des chambres ou des tombeaux taillés dans le rocher où ils déposent du matériel ou des provisions, réservant la tente, jugée plus confortable, au logement. Les parois rupestres susceptibles d'être aménagées, ainsi que la texture des grès, où alternent les couches faciles à creuser et des couches plus dures conservées comme plafonds, pourraient avoir leur part dans le développement du site, choisi d'abord comme refuge, puis transformé en agglomération permanente. Mais il est probable que l'habitat sous la tente, venant ou non en complément

Le complexe appelé «maison de Dorothéos» (ce nom s'y trouve gravé en grec), creusé sur le flanc nord-ouest de la montagne de Khubthah, comprend une vingtaine de chambres, dont un très grand *triclinium*, éclairées par des fenêtres et accessibles par des escaliers. L'ensemble peut avoir constitué l'habitation d'un citoyen fortuné. On y trouve une terrasse ornée de niches, de bétyles et d'autels, destinés aux cultes domestiques : selon Strabon, les Nabatéens adoraient le Soleil sur le toit de leurs maisons.

des maisons rupestres ou bâties, n'a jamais cessé tout à fait d'exister.

Le caractère hétérogène de l'habitat et l'occupation discontinue de l'espace urbain rendent particulièrement hasardeuse l'évaluation de l'importance de la ville et de sa population, de l'ordre peut-être de dix mille à vingt mille habitants. Le chiffre indiqué par Diodore – « guère plus de dix mille personnes » – renvoie en effet à l'époque où les Nabatéens étaient encore nomades.

Un modèle urbain oriental

Fonder une ville grecque ou romaine, c'est découper en lots l'espace continu qui lui est réservé, en distinguant zones publiques et zones privées. En revanche, dans des villes comme Pétra ou Palmyre – l'autre grande cité caravanière du Proche-Orient –, tout se passe comme si, à l'origine, des groupes, familles ou tribus, s'étaient répartis sur le site en construisant leur maison suffisamment loin des voisins pour garder la possibilité de s'étendre. Le tissu urbain se fait de plus en plus dense aux dépens d'un espace dont les résidus survivent sous la forme de ruelles au tracé irrégulier, tantôt rétréci, tantôt élargi pour se terminer parfois en impasses. Ce mode de développement urbain est ancien en Orient : on l'a identifié dans des agglomérations remontant à l'âge du Bronze au moins. Il s'est perpétué dans la ville « orientale » traditionnelle, telle que la découvrent encore les voyageurs du XIXe siècle.

Dans cette évolution qui va de l'occupation clairsemée d'un site par des petits groupes vers une entité urbaine politiquement unifiée à l'échelle de la *polis* grecque, c'est souvent aux sanctuaires que

Le Qasr el-Bint (ci-dessus) dresse sa structure imposante (23 mètres de haut) au fond d'une grande esplanade pavée, à laquelle conduit la rue à colonnades. C'est autour de ce sanctuaire et de cet axe que fut organisé le secteur monumental de la ville basse. L'édifice, embelli à l'époque romaine, est très soigneusement construit en grès revêtu de stuc (à droite, un fragment), avec un dispositif antisismique constitué de poutres de genévrier.

Au fond du temple du Qasr el-Bint, une plateforme accessible par deux escaliers supportait l'idole de Dusarès, que décrit un lexique byzantin du Xe siècle, la *Souda* : «l'idole est une pierre noire quadrangulaire, aniconique. Sa hauteur est de quatre pieds et sa largeur de deux pieds. Il repose sur un socle doré. Ils lui offrent des sacrifices et lui versent le sang des victimes : telle est leur libation.» On célébrait aussi la naissance du dieu, enfanté par une Vierge, le 6 janvier.

revient le rôle fédérateur. Dans une phase critique, vers le tournant de notre ère, on voit construire un sanctuaire principal qui se distingue des autres par un spectaculaire changement d'échelle. C'est le cas du Qasr el-Bint à Pétra. Des inscriptions ou des représentations divines indiquent que ce grand temple rassemblait d'autres divinités autour du dieu principal, dont la déesse al-'Uzza, et devenait ainsi le monument représentatif de la nouvelle communauté.

Hellénisation et romanisation de Pétra

A la fin de l'époque hellénistique, ou plutôt à l'époque romaine, ces villes d'Orient ont été mises au goût du jour : faute de pouvoir leur imposer une grille cohérente, on en a régularisé au moins des secteurs limités, généralement autour de grands édifices fondés ou refondés à cette époque, qui imposent leurs orientations au voisinage. A Pétra, les sanctuaires et les marchés contigus sont soumis aux mêmes axes, mais, plus haut, sur les deux pentes du wadi Mousa, l'organisation des quartiers d'habitation s'inscrit simplement dans les articulations du relief, remanié à moindre frais sous forme de terrasses. Il est significatif que les maisons récemment fouillées d'ez-Zantur ne donnent pas sur de véritables rues. A l'exception de la rue à colonnades, les voies de communication, tracées d'une façon utile dans un relief difficile, ne servent pas de références dans un plan directeur. Pistes caravanières, voies processionnelles, sentiers de messagers ont en revanche une fonction vitale dans cette ville-réseau dont ils assurent la cohésion.

La formule de la rue à colonnades, premier instrument de promotion urbaine, présente dans pratiquement toutes les villes romaines du Proche-Orient, vient à point pour unifier l'espace et donner au promeneur l'impression d'une organisation cohérente et monumentale. Le centre de Pétra a été structuré de part et d'autre de la rue à colonnades,

Les aménagements successifs apportés à ce grand théâtre montrent son importance dans la cité : peut-être servait-il aussi, comme c'est souvent le cas, de lieu de réunion publique. La scène et le mur du fond étaient richement décorés de colonnes et, à l'époque romaine, de statues de marbre importé.

aménagée ou réaménagée au IIe siècle, qui suit elle-même l'axe du wadi Mousa régularisé. Jusqu'à l'époque romaine tardive, elle constitue à la fois un vaste centre commercial et un lieu de communication sociale indispensable dans une cité. Un autre élément majeur de la cité gréco-romaine est le théâtre. Celui de Pétra, construit au cours du Ier siècle apr. J.-C., pouvait également accueillir les fidèles pour des fêtes religieuses.

L'espace cultuel : temples et sanctuaires de plein air

L'espace de Pétra est aussi un espace religieux : on trouve, sur toute la surface du site, mais répartis d'une façon inégale, un très grand nombre de vestiges qui vont de simples dédicaces à des divinités aux grands temples du centre de la ville. Le Qasr el-Bint, sans doute construit dans la deuxième moitié du Ier siècle avant notre ère et consacré à Dusarès-Zeus Hypsistos («le Très-Haut») et à al-'Uzza-Aphrodite, domine, d'une façon manifeste, le groupe de sanctuaires établis sur les deux pentes : au nord le temple «aux Lions ailés», peut-être consacré au même couple divin assimilé à Isis et à Osiris, au sud deux autres

L'axe principal de la ville (ci-dessous), qui suit le cours du wadi Mousa (à droite sur la photo), fut remanié à plusieurs reprises, et reçut à une date mal déterminée (peu avant ou peu après l'annexion romaine?) son aménagement monumental : un pavé régulier sur la chaussée large de six mètres, deux files de colonnes. Sur la gauche, du côté sud, des rangées de boutiques en faisaient, avec les marchés et les grands édifices publics et religieux étagés sur la pente, le centre social de la cité.

sanctuaires. Dans le plus grand, les fouilles en cours de l'équipe américaine de la Brown University ont révélé un dispositif inattendu à gradins semi-circulaires qui fait penser à une salle de conseil. Plus haut, la colonne dite Zibb Firaun est peut-être le reste d'un autre sanctuaire. En dehors du centre, on devine, d'après des éléments de décor architectural, d'autres temples de moindre importance.

Plus nombreuses sont les installations cultuelles rupestres visibles aujourd'hui. Les «hauts lieux» sont les plus caractéristiques. Sur un sommet dominant le paysage, on a aménagé un espace régulier destiné aux fidèles, entouré de banquettes (triclinium), une estrade surélevée réservée à un célébrant, un autel, un piédestal pour un objet de culte (on utilise le terme sémitique de *môtab*, c'est-à-dire «trône»), une vasque pour des purifications, une ou plusieurs citernes. Le plus spectaculaire de ces sanctuaires est le haut lieu de Madhbah qui domine le centre urbain de Pétra, mais on en connaît d'autres sur toute l'étendue du site.

Processions et banquets rituels

D'autres «sanctuaires», constitués essentiellement de niches cultuelles juxtaposées, marquent des points forts de

Dominant la rive nord du wadi Mousa, le grand temple aux Lions ailés (à gauche) est ainsi nommé à cause du décor de ses chapiteaux corinthiens. La partie essentielle est un grand podium bordé de douze colonnes et construit au milieu d'une *cella* carrée, entourée d'un portique, pour le déroulement du rite de circumambulation autour de l'idole. On y a trouvé la stèle de la «déesse de Hayyan» (page 34) et une autre «stèle aux yeux» (ci-dessous) : ce bétyle porte des traces d'éléments rajoutés en bronze, en stuc ou en pierres précieuses.

l'espace naturel : grottes (Oum el-Biyyara), anfractuosités, eau suintant le long de parois rocheuses (Qattar ed-Deir) ou tourbillonnant dans des gorges au moment des crues (Sidd al-Ma'jjin). Plus simples encore, des oratoires, centrés sur une niche abritant un bétyle ou une représentation divine sous un habit gréco-romain, sont consacrés à diverses

Au sommet du Djebel Madhbah, au pied du principal haut lieu, se dressent sur une large esplanade deux obélisques de six et sept mètres de haut, dégagés à même le rocher au prix d'un

énorme travail. Ces piliers jumeaux représenteraient un couple de divinités, peut-être encore Dusarès et al-'Uzza ou Allât, suivant une ancienne tradition édomite.

divinités parmi lesquelles Isis occupe une place de premier plan. Certains sont situés à proximité d'habitations, d'autres dans des espaces déserts. Aux mêmes types d'emplacements, on trouve de simples inscriptions nommant des dieux et leurs fidèles.

Une majorité de ces témoins religieux sont placés sur des itinéraires, le long de pistes caravanières ou de cheminements internes de la ville, en particulier dans le Sîq. Le parcours lui-même devait prendre la valeur d'un rite, pèlerinage ou procession, car un certain nombre de ces itinéraires ne semblent avoir d'autre but qu'un sanctuaire. Les dimensions de ces «sanctuaires» et leur emplacement font penser qu'on peut les attribuer à des communautés cultuelles de différentes importances.

Le haut lieu, le plus connu, celui du Djebel Madhbah (ci-contre) comprend un grand espace rectangulaire (sur la droite) entouré sur trois côtés d'une banquette, où devaient se réunir les fidèles; une plateforme faisait peut-être office de tribune ou de table sacrée. La partie réservée aux officiants (sur la gauche) se compose d'un podium supportant un autel, avec un escalier d'accès, autour duquel est ménagé un passage, d'un bassin circulaire et d'une citerne rectangulaire. Les dimensions du podium indiquent qu'on pouvait sacrifier de gros animaux, comme des chameaux. Une mortaise creusée au sommet de l'autel, ou plutôt du *môtab*, était peut-être destinée à fixer l'idole portative. On imagine en effet des processions, qui devaient emprunter les volées d'escaliers. Certains itinéraires sont jalonnés de niches (ci-contre), tantôt sculptées de bétyles, tantôt vides. Elles pouvaient servir de reposoirs pour les idoles.

Si un individu pouvait prendre l'initiative d'une inscription ou d'une niche à bétyle, la construction du Qasr el-Bint a sans doute relevé de l'autorité royale. Des formes intermédiaires, comme le haut lieu, pouvaient regrouper une ou plusieurs centaines de personnes et servir de lieu de réunion et de référence cultuelle à un groupe familial plus large ou à une tribu. Les installations de banquet, couvertes ou en plein air, rupestres ou construites, pouvaient être associées aussi bien à des sanctuaires qu'à des tombeaux ou à des habitations. C'est que, comme l'a senti Athénodore, cité par Strabon, le banquet est un rite fondamental qui exprime et renforce la solidarité d'un groupe social, uni dans le culte de divinités tutélaires ou dans l'hommage à un défunt de la famille et à l'ancêtre commun.

Les hauts lieux les plus caractéristiques semblent dominer chacun un secteur de l'espace urbain.

Dans le wadi Farasa, un peu après le «tombeau-jardin» et en face du «tombeau du Soldat romain», est creusé le *triclinium* lié à cette importante sépulture (ci-dessus). Les salles de banquets sont de types très divers : munies de trois banquettes (*triclinium*), de deux seulement (*biclinium*), ou d'une seule semi-circulaire (*stibadium*). On les trouve associées au rite funéraire, mais aussi au culte des divinités, et bien entendu à l'habitat.

Ne gardent-ils pas la mémoire d'une ancienne répartition du terrain entre un certain nombre de groupes? A Palmyre chacun des sanctuaires majeurs est lié précisément à une ou plusieurs tribus nommées par des inscriptions. Malheureusement, à Pétra, les inscriptions découvertes dans les

sanctuaires, et surtout dans les tombeaux comme celui du «Turcoman», restent rares. C'est pourtant grâce à elles que les archéologues peuvent vérifier si une nécropole était réservée en priorité à tel ou tel groupe de familles.

L'architecture des temples et leur décor

Le plan d'une série de temples nabatéens avec un *adyton*, un «saint des saints» détaché du fond de l'édifice, permet d'imaginer le déroulement du rituel de circumambulation autour d'un bétyle, posé sur un piédestal, le *môtab*. Mais leur habillage porte la marque des styles hellénistique et romain. Les Nabatéens ont emprunté à leurs voisins la colonnade intégrée à l'intérieur de l'édifice, par exemple dans le temple aux Lions ailés, ou simplement placée en façade comme au Qasr el-Bint, le fronton vrai ou faux, le portique entourant une cour ou abritant des

Cet essai de reconstitution (ci-contre) permet d'imaginer le complexe funéraire construit dans l'étroite gorge du wadi Farasa autour du «tombeau du Soldat romain», dont on voit la façade à droite, et qui est ainsi nommé en raison de la statue dressée dans la niche centrale. Le ravin était barré par une cour entourée de portiques à colonnades. Au fond de celle de gauche s'ouvrait le grand *triclinium*. Les constructions annexes comme les portiques, de part et d'autre de la façade, tout en manifestant l'importance de l'ancêtre ou du clan, avaient aussi une fonction utilitaire. Il n'en reste malheureusement presque rien. Une des rares inscriptions de tombeaux conservées à Pétra mentionne aussi un verger associé à une sépulture. Il est possible que le complexe du «tombeau-jardin», situé juste au-dessus du tombeau du Soldat appartienne au même ensemble monumental.

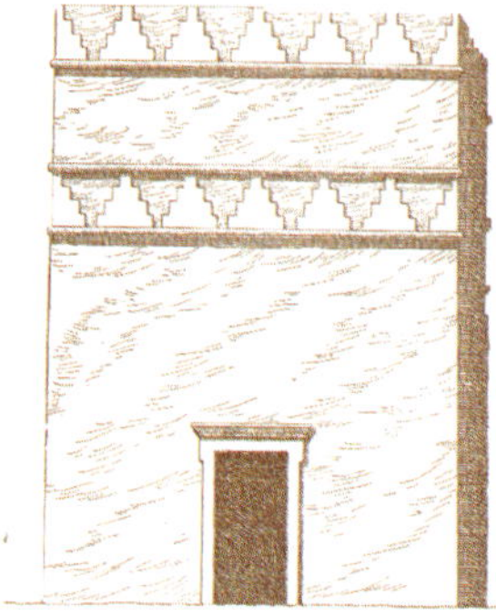

Parmi les types de façades d'inspiration orientale, on distingue notamment, ci-dessus, de gauche à droite : (1) des «tombeaux-tours» couronnés d'une ou deux rangées de merlons; (2) des tombeaux «de type proto-Hégra», avec des demi-merlons d'angle («à escaliers»), une moulure dite gorge égyptienne, et flanqués de deux pilastres ou antes; (3) des tombeaux «de type Hégra» comportant un double entablement; (4) et (5) des tombeaux du même type dont le double entablement est garni de pilastres nains. Il s'y ajoute des façades d'inspiration plus classique, réunissant par exemple (6) le fronton triangulaire, les pilastres doublés, l'arc au-dessus de la porte et, en acrotère, le motif répété de l'urne.

annexes. Ils se sont surtout inspirés, en l'adaptant parfois, de leur grammaire architecturale, celle des trois ordres classiques, et de leur répertoire de motifs décoratifs, ajoutés à des motifs propres hérités du Proche-Orient ancien.

Leurs modèles se trouvaient surtout à Alexandrie, destination majeure du trafic caravanier et sans doute aussi premier interlocuteur commercial et culturel du royaume. Les découvertes récentes dans la ville égyptienne confirment que c'est bien là qu'on décèle l'origine du chapiteau dit «nabatéen», ébauche de chapiteau corinthien laissée lisse pour être stuquée et peinte, qui s'est imposée dans tout le royaume. On peut imaginer que les rois nabatéens ont fait venir pour leurs grands projets de construction, comme le Qasr el-Bint, des architectes et des sculpteurs d'Alexandrie qui, restés à demeure, ont créé une école locale dans laquelle les formes architecturales ont été transmises au moins jusqu'au IIe siècle de notre ère.

Les tombeaux et leurs façades

C'est dans l'architecture funéraire, surtout connue sous sa forme rupestre, que se reflète le mieux une double identité culturelle, orientale et hellénistique.

L'intérêt se concentre sur les façades taillées dans le rocher qui pourraient finalement s'expliquer comme une forme monumentale de la *nefesh*, la stèle dressée qui signale la présence d'un défunt, de même que le bétyle indique la présence de la

divinité. C'est cette façade, marquant l'entrée de la chambre funéraire excavée dans le rocher, qui devait manifester l'importance du défunt ou plutôt d'une famille. Aux tombeaux étaient parfois associés des portiques, des vergers, et souvent des salles de banquet qui réunissaient sans doute la famille à l'occasion des funérailles ou de fêtes commémoratives.

Ce qui n'était à l'origine qu'une ébauche de chapiteau corinthien lisse (ci-dessous) connaît à Pétra un développement particulier qui l'impose comme symbole du pouvoir nabatéen.

On distingue deux grands types de façades d'après leur décor, de tradition orientale ou hellénistique, cette dernière étant tout particulièrement mise en œuvre sur les monuments les plus spectaculaires consacrés à des sépultures royales, dont la Khazneh, le Deir et d'autres grands tombeaux du pied de la Khubthah sont les plus célèbres. Les façades de type oriental ne sont pas forcément plus anciennes que celles de type hellénistique. Elles supposent sans doute simplement un investissement moins lourd et leur porte peut d'ailleurs recevoir un encadrement en forme de façade de *naïskos*, de petit temple, de tradition hellénistique. Il existe aussi des schémas plus simples : tombeaux-cubes, à arceau, etc.

Toute la gloire de Pétra

Quelques-uns des plus célèbres monuments funéraires de Pétra. Page 86 : le Deir ou «Monastère», à la façade imposante de 45 mètres de large sur 42 de haut, est sans doute lié à un culte funéraire, peut-être celui d'Obodas Ier divinisé. Page 87 : le grand tombeau à l'Urne ou tombeau dorique, creusé dans la falaise de la Khubthah, fait partie d'une série de sépultures sans doute princières ou royales, aux façades de type hellénistique. En 447 apr. J.-C., il fut transformé en église. Page 88 : le «tombeau Renaissance», que certains datent du IIe siècle apr. J.-C., dans le wadi Farasa. Page 89 : le tombeau aux Obélisques, avant l'entrée du défilé du Sîq, doit son nom aux quatre «obélisques», en fait des pyramides ou *nefesh*, qui signalaient la présence des défunts, ainsi que la statue placée dans la niche au-dessus de la porte. Ci-contre : la Khazneh, dont on voit ici la façade, l'intérieur du péristyle avec les chambres latérales, un chapiteau corinthien et la rotonde de l'étage, ornée au centre d'une Isis-Tyché tenant une corne d'abondance. Le double caractère, funéraire et royal, de ce monument ne fait guère de doute.

Artisanat et art : un « style nabatéen » ?

Cette double inspiration se retrouve dans les productions de l'artisanat. La céramique apparaît dans les niveaux du Ier siècle avant notre ère. Elle succède à une poterie locale commune, et se reconnaît immédiatement à la finesse, à la qualité, à la couleur de sa pâte et à son décor peint à motifs végétaux. Plus que les formes, c'est ce décor qui pourrait se rattacher à des courants d'origine orientale. Les classements typologiques et les séquences chronologiques, obtenues aujourd'hui sur de nombreux sites, montrent que sa production s'est prolongée bien après l'annexion de la Nabatène par Rome. Elle s'est diffusée dans tout le domaine nabatéen, le long des voies de communication, puisqu'on en trouve maintenant jusqu'à Bosra, et les ateliers de potiers fouillés sur différents sites, par exemple dans le Néguev, prouvent que sa fabrication n'était pas limitée à la métropole. Cette céramique est le plus souvent mêlée à des vases importés d'un peu partout, à des lampes venues d'Alexandrie, de Grèce et même d'Italie, ainsi qu'à des imitations locales de ces produits.

Les fouilles livrent aussi en abondance des figurines de terre cuite ou de bronze, représentant des animaux, de petits personnages, parfois des divinités, importées

La pâte et le décor de cette coupe peinte d'un motif végétal rayonnant sont caractéristiques de la céramique nabatéenne. Les classements typologiques et les séquences chronologiques obtenues aujourd'hui sur de nombreux sites montrent que sa fabrication n'était pas réservée à Pétra et s'est poursuivie bien au-delà de l'annexion par Rome.

d'Alexandrie mais fréquemment aussi moulées sur place. L'influence alexandrine est manifeste dans le décor peint ou stuqué, tel que le laissent deviner les fresques encore visibles à Pétra ou les nombreux fragments de stuc découverts dans quelques grands édifices, avec des feuillages peuplés d'oiseaux variés et de petits personnages pleins de fantaisie. Elle se fait sentir aussi dans la sculpture locale sur pierre, dont le centre monumental de Pétra et les deux sites jumeaux de Khirbet Tannur et de Khirbet edh-Dharih ont livré les plus riches exemples. Ces reliefs se rencontrent rarement en dehors de la Jordanie méridionale : la sculpture du Hauran, par exemple, se rattache à d'autres courants provinciaux de l'art gréco-romain.

Bien que la datation soit très discutée, on reste sensible à la parenté qui unit ces œuvres, pourtant éclectiques : ces images s'inspirent certes de modèles classiques, mais les artistes locaux ont interprété nombre de détails à leur manière; des traits «orientaux» apparaissent dans le drapé, dans le traitement des visages, qui annoncent aussi l'art romain tardif d'Egypte. Mais d'autres bustes de Pétra sont beaucoup plus proches de types gréco-romains d'époque hellénistique, quelque peu raffinés et vraisemblablement alexandrins, et l'on a découvert

Le relief ornemental d'Eros aux lions ailés (ci-dessus), trouvé à Pétra, appartient à toute une série de sculptures qui dénotent une inspiration hellénistique, vraisemblablement alexandrine, sensible dans le mouvement et la recherche de variété, malgré une composition quasi héraldique.
De provenance incertaine (Pétra?), cette tête en calcaire (à gauche), qui pourrait représenter un prêtre, réunit des caractéristiques classiques et des influences orientales : certains traits comme la coiffure et le traitement régulier des boucles de la barbe et des cheveux rappellent des sculptures parthes de Hatra, en Iraq.

dans la ville des statues de bronze et de marbre, sans doute importées.

Au cours de l'époque impériale se généralisent donc à Pétra les formules gréco-romaines, et les caractéristiques «locales», qu'on peut reconnaître ensuite dans l'architecture et les mosaïques byzantines, ne doivent sans doute plus grand-chose à leur origine nabatéenne.

Pétra après les Nabatéens

Les traits originaux qui marquaient dans l'art cette communauté culturelle – le goût pour les façades rupestres, le décor architectural, ou même la céramique – s'estompent dès l'époque impériale, avant même que ne disparaissent les noms reconnus comme nabatéens et que le noyau ancien de la population ne se fonde parmi de nouveaux venus, Arabes d'autres origines. Promue au rang de métropole de province, siège d'un évêché, Pétra garde quelque activité au cours de la période byzantine. Des constructions importantes ont lieu, des mosaïstes travaillent brillamment, comme le montrent les fouilles récentes de l'église centrale. Mais, à cause d'une série de tremblements de terre, cette activité pourrait avoir pris fin plus tôt que dans les régions situées plus au nord. Au XIIe siècle, Baudouin II disperse les habitants du château du «Val Moyse» (Wuaira). Les rares témoignages médiévaux qu'on possède – ceux du pèlerin allemand Thetmar en 1217, passé près «d'Archim, jadis métropole des Arabes», et de Numeiri, le chroniqueur arabe du sultan Baïbars qui a traversé Pétra en 1276 – ne parlent plus de ses habitants. Un souvenir confus subsiste pourtant de son ancien rang de capitale d'un royaume étendu. Curieusement, on garde encore trace de son vieux nom araméen et nabatéen, *Arken/Reqem*, qui signifiait «la Bariolée». Mais, pas plus que des Nabatéens, il n'est fait mention de son nom gréco-latin, qui se perd jusqu'à sa redécouverte par les premiers voyageurs occidentaux du XIXe siècle.

L'élan suscité par cette redécouverte ne s'est pas interrompu, et cet effort n'est pas près de cesser.

Le «tombeau corinthien» (ci-contre) est l'un de ceux où apparaissent les effets de l'érosion, qui met à nu le grès et dissout peu à peu les façades les plus exposées dans le cirque de Pétra. (Page 96, la Khazneh vue du ciel.)

Cent soixante-dix ans de recherche ont en effet apporté plus de questions que de certitudes, des interrogations et des pistes nouvelles émergent tous les jours. La plus grande partie de la ville reste encore à fouiller pour que la civilisation nabatéenne nous soit enfin révélée.

TÉMOIGNAGES ET DOCUMENTS

« Pétra… Le nom, assurait-on, venait du grec,
et signifiait la pierre, le roc, puisque aussi bien
la cité avait été creusée dans le roc.
Mais il se pouvait aussi qu'il vînt
de l'arabe *batara* qui signifie couper, tailler,
puisque encore la ville était bien taillée dans la roche…
ou même, et cette étymologie avait sa préférence,
parce que le site était coupé du reste du monde. »

Nabil Naoum

La Nabatène

Depuis leur installation au pays d'Edom, les Nabatéens étendirent leur domaine sur un très vaste espace, en empruntant beaucoup à leurs prédécesseurs. Dans cet empire hétérogène aux limites floues, c'est sans doute le pouvoir royal qui réussit à préserver, jusqu'à l'annexion romaine, une indéniable cohésion. Un rapide survol de quelques sites importants permet d'en apprécier la diversité.

Stations caravanières autour de Pétra : le «petit Sîq» et Sabra

Le «grand Pétra» comprend toute une série de «faubourgs» et de villages, parmi lesquels le «petit Sîq» et Sabra.

La gorge de Sîq el-Bared est une Pétra en miniature. Une porte fermait cette halte, créée sans doute pour de riches marchands. Ils pouvaient en effet jouir d'un repos mérité. Sept salles de banquet leur offraient probablement des repas de luxe; l'une d'elles est un *biclinium* (à deux banquettes) dont le plafond est décoré de rinceaux de vigne habités par des amours chasseurs ou endormis sous les lourdes grappes dorées; des oiseaux exotiques au plumage irisé voltigent entre les feuillages au son de la flûte du dieu Pan. Ce décor idyllique qui rappelle les fresques de la maison de Livie à Rome, datée de 10 av. J.-C., n'est pas unique dans cette luxueuse station.

D'autres *triclinia* sont couverts de fresques que masque une épaisse couche de suie. [...]

Situé à 3 heures de marche au sud de Pétra, Wadi Sabra est une station majeure sur la route des mines de cuivre de Umm el 'Amad, dans le Wadi 'Araba. Son petit théâtre pouvait accueillir un millier de spectateurs. Des canalisations creusées dans la montagne de Jathûm recueillaient les eaux de pluie pour les diriger vers l'acropole. On peut aussi y reconnaître les ruines de deux temples. Un sondage pratiqué dans la cour de l'un d'eux, situé au bord du Wadi el-Mutheiljeh, a atteint la cour dallée du *témenos*. Un buste d'Aphrodite en marbre blanc a été mis au jour. Le site mérite sans doute des recherches intensives et le plan dressé par Laborde et Linant montre l'importance des ruines qui pouvaient accueillir un grand nombre de caravaniers.

Fawzi Zayadine,
«Découvrir Pétra»,
in *Les Dossiers d'archéologie*, n° 163,
septembre 1991

Tannur et Dharih

A la limite nord du pays d'Edom, ces deux sites jumeaux, distants de sept kilomètres et placés sur la «route des Rois», ont livré dans les ruines de leurs sanctuaires de très riches ensembles de sculptures nabatéennes.
Les dernières campagnes de fouilles ont notamment mis au jour quelques reliefs bien conservés qui représentent des figures divines : des Victoires proches de celles de Tannur, un Hermès, des Dioscures...

Le théâtre de Sabra, petite localité au sud de Pétra (dessin de Laborde).

Entre la haute falaise qui le borde au nord et les massifs déchiquetés qui s'alignent au sud, le wadi al-Hasa se fraye un chemin au milieu des alluvions charriées par ses affluents de la rive gauche. Isolée au milieu de la vallée, une butte escarpée se dresse à 700 m d'altitude à proximité du confluent du wadi al-Hasa et du wadi La'ban qui coulent à 400 m en contrebas.

C'est sur ce haut-lieu que les Nabatéens élevèrent un sanctuaire important. Fouillé en 1937 par Nelson Glueck, le sanctuaire de Tannur occupe presque tout le sommet de la butte. Il comporte un double parvis orienté est-ouest, le parvis occidental étant légèrement surélevé par rapport à celui de l'est où se situe l'entrée. Sur les côtés nord et sud des deux cours s'ouvrent des salles de banquet et des sacristies, trois de chaque côté; dans l'angle nord-est du sanctuaire, en avant de la cour orientale, se trouve un autre *triclinium*.

Maurice Sartre,
Inscriptions de la Jordanie, tome IV,
in *Inscriptions grecques et latines de la Syrie*, tome XXI,
Librairie Paul Geuthner, Paris, 1993

L'endroit fut habité une première fois au bronze ancien (à la fin du IIIe millénaire av. J.-C.), une seconde fois à l'âge du fer, par les Edomites : dans les deux cas, il s'agit d'une occupation peu dense, dépourvue de tout caractère monumental et suivie d'un abandon complet. De quand date la formation du village nabatéen et du sanctuaire, et l'un a-t-il précédé l'autre et causé son apparition? Nous l'ignorons encore. Quelques tessons de poterie hellénistique font supposer une implantation à notre ère, mais jusqu'ici c'est seulement à partir du milieu du Ier siècle de notre ère que nous avons pu dater une proportion significative des ruines. A partir de cette date, à la fin de l'époque nabatéenne, puis, après 106 de notre ère, sous la domination romaine, le village, le sanctuaire et la nécropole se développent, sans rupture décelable, jusqu'au milieu du IVe siècle (probablement 363 apr. J.-C.), lorsqu'un séisme détruit en grande partie la localité et provoque son abandon.

François Villeneuve
et Zeidoun al-Muheisen,
Khirbet adh-Dharih, un sanctuaire nabatéen et son village,
in Catalogue de l'exposition «Jordanie. Sur les pas des archéologues»,
SDZ/IMA, 1997

Le wadi Ram

Ce site extraordinaire, proche d'une ancienne route caravanière vers l'Arabie, a particulièrement marqué Lawrence d'Arabie : «Les paysages, dans les rêves d'enfance, étaient ainsi vastes et muets.»

Le wadi Ram – nommé Iram dans les textes nabatéens trouvés sur place comme chez les auteurs arabes du Moyen Age – abrite l'un des plus célèbres sanctuaires nabatéens, dont l'activité se prolongea bien au-delà de l'indépendance du royaume. Il se présente comme une large vallée sèche, très plate, orientée nord-sud, et bordée de deux hautes falaises abruptes presque rectilignes. [...] Les vestiges archéologiques comportent deux ensembles religieux différents. Dans l'angle sud-ouest d'un décrochement, dominant la vallée de plusieurs dizaines de mètres, se situe le sanctuaire rupestre d'Allat, installé là en raison de la présence de la source de 'ayn Shallalah. Au pied de la falaise proprement dite, un peu plus au nord, se dressait en revanche un temple construit, également dédié à Allat selon toute vraisemblance, complété par une petite agglomération.

Les deux ensembles furent découverts dès 1931 par George Horsfield et explorés de 1932 à 1934 conjointement par l'inventeur et le Père Raphaël Savignac. Des fouilles furent entreprises plus tard par Diana Kirkbride dans le temple du bas. Après une longue interruption, les travaux ont repris récemment. En revanche, l'exploration a porté sur les environs où des sites de graffiti nabatéens et thamoudéens ont été repérés, notamment à Rizqeh, au sud de Ram.

Maurice Sartre,
Inscriptions de la Jordanie, tome IV,
op. cit.

En Arabie, Hégra

C'était la dernière station d'importance appartenant aux Nabatéens sur la piste d'Arabie heureuse. Leur emprise est également attestée en d'autres lieux situés plus à l'ouest, notamment l'oasis de Tayma et le poste de Dumat (el-Jawf), qui commande la piste reliant le golfe Arabo-persique à la Syrie méridionale.

Après avoir été visité par Charles Doughty en 1876 et 1877 puis par Charles Hubert et Julius Euting en 1881-1882, le site a été exploré et inventorié par les Pères Jaussen et Savignac entre 1907 et 1910.

Le site de Medaïn Saleh (Hégra) est situé sur l'itinéraire majeur nord-sud suivi par la piste des caravanes de l'Arabie heureuse vers Pétra, la Syrie et la Méditerranée, la route des pèlerins de la Syrie vers La Mecque, enfin par la voie de chemin de fer de Damas à Médine. A une vingtaine de kilomètres plus au sud, le défilé qui marque l'entrée dans l'oasis de Al 'Ula (Dedan), passage obligé pour ses ressources en eau, a servi de frontière à différentes époques. Pour une caravane remontant de l'Arabie du Sud, Hégra était le premier poste où les Nabatéens prenaient le relais des autres tribus.

Hégra, site ouvert dans une large vallée plane, est organisé d'une manière très différente de Pétra pour la défense et pour l'alimentation en eau assurée par la nappe phréatique à laquelle donnent accès des puits. L'agglomération construite en briques crues, peut-être sur des fondations en pierres, n'apparaît que sous forme de légers reliefs à la surface du sol et ne peut être explorée que par des fouilles. Cette plaine est parsemée de quelques massifs rocheux plus ou moins arrondis en grès ordovicien où nous retrouvons, en revanche, l'architecture et les aménagements rupestres de Pétra. C'est dans la périphérie de ces rochers que sont taillées des façades de plus de 130 tombeaux comparables à ceux de Pétra. La plupart des types de façades de Pétra, à merlons, à arc, et surtout à escaliers sont représentés à des tailles différentes; certains sont gigantesques. L'apport majeur de Hégra est une trentaine d'inscriptions qui datent précisément, entre l'an 1 et 75 de notre ère, une série de tombeaux correspondant à des types bien connus à Pétra où les inscriptions manquent. Elles mettent en cause l'évolution supposée de ces tombes d'après leurs formes. Les mêmes types ont coexisté pendant plusieurs générations, elles correspondent à un choix de leur propriétaire et sans doute à ses ressources.

Dans un massif plus vaste et plus accidenté, le Jebel lthlib, on retrouve une organisation de l'espace plus proche de celle de Pétra avec un défilé (petit Sîq), dont l'entrée est occupée par une grande salle de banquet, le «Divan», et, à l'intérieur du massif, plusieurs sanctuaires rupestres avec des niches à bétyles taillées dans les parois, des équipements de banquet en plein air ou, dans des chambres taillées dans le rocher, des estrades, escaliers et bassins. Comme à Pétra la collecte de l'eau est assurée par des petits barrages et des canalisations taillées dans les parois rocheuses qui conduisent à de grandes citernes.

Jean-Marie Dentzer

Avdat dans le Néguev

A travers le Néguev, des routes menaient aux ports de Gaza et de Rhinocoloura (el-Arish), croisant celles de la Palestine et de l'Egypte. Les Nabatéens y ont développé des installations importantes, en particulier à Mampsis (Kurnub), Elusa (Khalasa) et Oboda ou Eboda (Avdat).

Le grand relais du Negeb central était 'Oboda, lieu de sépulture du roi Obodas Ier (96-85 av. J.-C.) […] Une acropole, entourée de grands murs de soutènement d'époque nabatéenne, était couronnée par un temple du temps d'Arétas IV (9 av. - 40 apr. J.-C.). Il a fait place, au IVe siècle de notre ère, à une église byzantine.

Un camp, situé à l'extrémité nord de la colline sur laquelle la ville est bâtie, est d'origine nabatéenne, d'après les fouilles de A. Negev. Le même archéologue a découvert un petit four de potier avec ses ateliers pour la production de la belle céramique nabatéenne fine. Ce four aurait été en activité du dernier quart du Ier siècle av. jusqu'au milieu du Ier siècle apr. J.-C. […]

Il est surprenant […] que les Nabatéens aient pu assurer la survie de grandes zones habitées dans ce désert inhospitalier, et ceci jusqu'à une époque tardive. Ce défi à la nature n'a été possible qu'à cause d'une technique ingénieuse de l'utilisation du sol et des rares précipitations. Des milliers de fermes ont été installées dans le fond des torrents, en construisant des murs transversaux en escalier qui retenaient l'eau et permettaient au limon de se déposer. D'immenses vergers ont été ainsi créés autour de 'Oboda, moderne Avdat, et cette même technique est encore utilisée de nos jours avec grand succès et transforme le désert en «paradis» verdoyant.

Fawzi Zayadine,
«L'Arabie des Nabatéens
de Hégra à Bostra»,
in *Les Dossiers d'archéologie*, n° 163,
septembre 1991

Qasrawet dans le Sinaï

Plusieurs pistes caravanières traversaient le Sinaï en direction du port de Tor, sur la côte ouest, et surtout du Delta égyptien et d'Alexandrie. La fréquentation ou la présence nabatéennes sont confirmées, au moins depuis le Ier siècle apr. J.-C., par des milliers de graffiti et par des vestiges comme ceux de Qasrawet (Qasr Gheit), dans le nord-ouest de la péninsule.

Un établissement nabatéen a été découvert sur une des routes caravanières au nord-ouest du Sinaï à Qasrawet. Il se développe depuis l'époque hellénistique : IIe siècle avant J.-C. jusqu'au IIe siècle de notre ère. La première installation se réduisait sans doute à un campement.

L'angle nord-ouest du site est occupé par un ensemble de sanctuaires nabatéens construits en blocs de gypse et ornés de demi-colonnes et de pilastres. L'influence égyptienne est sensible dans certaines parties, les plans comme le décor. Dans le petit temple ouest rectangulaire, construit au Ier siècle avant J.-C., un autel de pierre était construit contre le mur du fond orné de demi-colonnes et des bétyles occupaient les niches. Un fragment d'autel miniature en albâtre portait une inscription en l'honneur de al-Kutba. Dans un deuxième temps, au Ier siècle de notre ère, une *cella* carrée a été ajoutée à l'est, avec une entrée de style égyptien.

Le plan du sanctuaire central ou grand temple est obtenu par deux carrés imbriqués. On y accède de l'est par un dispositif de portes de style égyptien. Un vestibule est rajouté au monument dans une deuxième phase. A l'intérieur de la *cella*, l'architrave est constituée de lourdes poutres en bois et porte un fronton brisé à denticules. On suppose, au centre de la *cella*, une construction, autel ou bétyle? Ce grand temple semble avoir été construit au Ier siècle de notre ère.

Des constructions annexes ont été découvertes dans l'enceinte des sanctuaires, habitations pour les prêtres ou bâtiments de service.

Trois nécropoles nabatéennes ont été identifiées avec à la fois des tombes individuelles à ciste, construites en plaques de grès surmontées d'une stèle et des tombeaux de famille en forme d'hypogées, chambres souterraines voûtées abritant des sarcophages. On y accède par un escalier également couvert d'une voûte.

L'importance du matériel trouvé suggère que c'était le principal centre commercial nabatéen du Sinaï septentrional, à la périphérie du delta du Nil (Péluse), et en relation avec la Méditerranée comme le montrent les importations de céramique.

Jean-Marie Dentzer

Les vestiges nabatéens de Qasrawet. Les Nabatéens s'étaient assuré là une position commerciale stratégique à l'entrée de l'Egypte.

Bosra, la deuxième capitale

Attestée dès l'époque hellénistique, la présence nabatéenne dans l'actuelle Syrie méridionale s'est surtout affirmée dans la partie sud du massif basaltique du Hauran et dans la fertile région de Salkhad et de Bosra, qui devait devenir dès l'annexion romaine le chef-lieu de la province d'Arabie.

Deuxième capitale du royaume nabatéen, Bosra a rapporté de nouvelles ressources à la dynastie, car elle est au centre d'une riche région agricole productrice de céréales. La découverte, dans toute la ville, de la céramique nabatéenne peinte indique la présence d'une population nabatéenne, comme les références au culte de Dusarès et d'Allat dans les inscriptions de cette zone.

A partir du milieu du Ier siècle de notre ère, ils ont réorganisé l'urbanisme en créant un quartier neuf à l'est de la ville antérieure. Les autorités nabatéennes ont tenu à souligner cette intervention par la construction de l'arc nabatéen, aux chapiteaux à cornes caractéristiques. Monument charnière placé à l'extrémité de la rue principale est-ouest de la ville, il marque le passage de la ville ancienne au nouveau quartier d'orientation différente.

Au centre de ce quartier était un ensemble monumental, sans doute un sanctuaire, en forme de grande cour entourée de portiques, recouvert au tournant du IVe et du Ve siècle par une vaste cathédrale à plan centré.

Des monnaies romaines représentent un *motab*, sorte de podium, portant des bétyles que l'on peut imaginer dans ce sanctuaire, peut-être consacré à Dusarès. Des blocs de décor architectural trouvés au centre et à l'est de la ville de Bosra attestent la présence d'autres constructions de cette période.

Jean-Marie Dentzer

Pétra après les Nabatéens

Sous les derniers souverains de la dynastie nabatéenne, Pétra a sans doute souffert du déclin du commerce caravanier. Son prestige d'ancienne capitale royale lui vaut le titre de «métropole». Elle redeviendra par la suite un chef-lieu administratif et religieux. Alors que la mise en valeur des alentours se poursuit, les séismes de l'époque byzantine, puis arabe, finissent par vider la ville.

Barsauma, ou la christianisation forcée

Un épisode peu connu, au début du Ve siècle, montre la vigueur et la persistance du paganisme dans la région de Pétra et ce, en dépit des édits proscrivant les cultes anciens.

Le déclin de la ville à partir du IVe siècle est irrémédiable. L'ensemble de la région paraît plus densément occupé qu'auparavant mais cela tenait d'abord au renforcement de la défense rapprochée de la Palestine. Si les villes et villages d'Edom sont plus prospères, leur nouvelle fortune est fondée sur l'agriculture, non sur les échanges commerciaux. Or, dans ce type d'économie rurale, Pétra n'avait pas sa place. […]

Les païens étaient encore fort nombreux à Pétra dans les années 420-423 si l'on en croit la *Vie de Barsauma le Syrien*. Le saint parcourut la région à cette époque à la recherche de temples et de synagogues à détruire : «On fermait les portes des villes devant lui; quelquefois il passait; d'autres fois il insistait, il forçait la ville et y entrait. Il arriva à une grande ville de ce pays nommée Réqem de Gaia, qui ferma ses portes. Il s'étonna de la frayeur des habitants puisqu'il n'avait que quarante hommes avec lui; il menaça de faire la guerre et de brûler la ville si on ne le laissait pas entrer. Il entra. Il n'avait pas plu depuis quatre ans, il leur amena la pluie. Il tomba tant d'eau que le mur de la ville en fut brisé. Les prêtres des idoles se convertirent.»

Cet épisode est en quelque sorte authentifié par le détail final : il ne faut

Lampes à huile nabatéennes trouvées à Pétra.

sans doute pas comprendre que les remparts de la ville ont été minés par les eaux mais que le barrage qui ferme l'entrée du Siq s'est rompu sous la poussée d'une crue violente.

Un peu plus de vingt ans après le passage de Barsauma, les chrétiens étaient cependant assez nombreux pour consacrer une église.

Maurice Sartre,
Inscriptions de la Jordanie, tome IV,
in *Inscriptions grecques et latines de la Syrie*, tome XXI,
Librairie Paul Geuthner, Paris, 1993

Pétra byzantine

La «cathédrale»

A l'est de la Araba, ce que nous connaissons de plus spectaculaire dans l'architecture religieuse byzantine, en dehors du contexte militaire, est l'aménagement de la cathédrale de Pétra. Elle se fit dans un de ses tombeaux nabatéens les plus prestigieux, le tombeau de l'Urne – ainsi nommé du fait du motif qui en couronne la façade. La composition de cette façade, à partir de laquelle on a une vue des plus majestueuses sur le centre de Pétra, est théâtrale; après une série de volées de marches le long de la falaise rocheuse, on atteint une cour où l'on s'avance entre deux allées de colonnes taillées dans le roc rose jusqu'à la façade rythmée et ornée comme celle d'un temple romain, pour pénétrer enfin par une des trois portes, dans le rocher même, où la vaste salle de culte baigne dans la pénombre en couleurs rouges, zébrées de rose, de blanc et de noir des parois, du sol et du plafond.

Trois espaces taillés dans la paroi du fond forment un chevet tripartite traditionnel; toutefois, l'édicule central, sous arc, abrite deux espaces distincts; la murette de séparation ancienne en est assez ruinée. A l'aide des arcs triomphaux et des trompes d'angle taillés dans le grès, chaque espace du chevet est pourvu d'une conque. Le mobilier liturgique a disparu mais on peut en lire les empreintes non seulement dans le sol mais également sur toute la hauteur des parois. [...]

On trouve, dans l'amplitude de ce sanctuaire, mais aussi dans le détail de l'emplacement et des dimensions de l'autel et de son dais, des traits communs non seulement avec la grande église justinienne du Sinaï et avec l'église centrale de Ruheibé, mais également avec des monuments de Basse-Egypte, l'église urbaine d'Ostracine en particulier.

Pauline Donceel-Voûte
«L'Arabie pétrée à l'époque byzantine»,
in *Les Dossiers d'archéologie*, n° 163,
septembre 1991

Une grande inscription peinte en rouge, bien lisible au fond du «tombeau à l'Urne», atteste sa consécration comme église le 24 juillet 446, sous l'épiscopat de Jason.

L'église du centre-ville

Vers le milieu du Ve siècle a été construite une église récemment fouillée par l'American Center of Oriental Research (ACOR) au centre de la ville sur la crête du Jebel Qabr Jumê'ân. La basilique à trois nefs, précédée d'un atrium et complétée par un baptistère à immersion et une série de pièces annexes, a été remaniée au début du VIe siècle. Elle servait de siège à l'évêque. Un grand nombre de blocs de construction et de décor nabatéen ont été remployés. Un tapis de mosaïques spectaculaires à médaillons décore les deux nefs latérales.

Les papyrus byzantins

Dans l'église découverte sur la crête du Jebel Qabr Jumê'ân, au nord de la rue aux colonnades, les fouilleurs de l'ACOR ont trouvé en décembre 1993 un ensemble de papyrus carbonisés. 152 rouleaux ou fragments ont été identifiés dont 42 conservent un texte suivi, ils étaient placés sur des étagères dans une pièce annexe située à l'angle nord-est de l'église. Il s'agit d'archives privées datées pour l'essentiel entre 528 et 582 où réappaissent régulièrement les mêmes noms : on peut les attribuer à la famille de Theodoros, fils d'Obodianos, qui a été archidiacre de cette église, ce qui explique qu'elles aient été déposées là. Par le mariage du jeune Theodoros à Stephanous, elle s'allie à une autre famille, celle de Bassus, avec laquelle elle entre rapidement en conflit au sujet de la dot. Le règlement de ce conflit est le sujet d'une partie des documents. La majorité des textes sont des testaments, des contrats évoquant des hypothèques, des prêts, des dons après décès, concernant la possession, l'acquisition ou la vente de propriétés (champs, vignobles, vergers, maisons avec jardin fruitier à Pétra et dans un village voisin, étables mais aussi esclaves). Il est moins question d'élevage et de bétail et jamais de commerce caravanier. Les trois frères sont des grands propriétaires : on peut estimer la surface de leur propriété à 120 *jugera* soit plus de 30 hectares, leurs terres sont entourées de champs d'autres membres de la famille dont on peut estimer le total à plus de 200 *jugera* (47 hectares). Un autre document concerne un don à l'occasion d'un mourant qui réunit autour de lui ses amis et nomme parmi eux deux administrateurs de ses terres. Ils s'engagent à assurer les besoins de sa mère jusqu'à son décès; à cette date, le reste de la propriété doit revenir à une église identifiée par son nom et à un hospice lié à celle-ci. C'est une des rares allusions à la vie de l'église avec des mentions de l'«allumage des cierges», le pardon des péchés et de la très sainte et très vénérée Dame glorieuse Mère de dieu toujours vierge.

Si les textes sont en grec, ces descendants des Nabatéens restent de culture arabe, comme l'indiquent les toponymes arabes transcrits en grec et désignant des districts ruraux, des champs, des vergers, des maisons désignées comme *baith* ou *darath*.

Ces témoignages indiquent qu'au VIe siècle Pétra poursuit son existence de ville organisée.

Jean-Marie Dentzer

Les croisés et la chronique de Numeiri

Pétra ne profite pas de la «renaissance omeyyade». Elle est ruinée par le grand tremblement de terre de 747. Malgré sa valeur stratégique, qui conduit les seigneurs francs «d'Oultre Jourdain» à y construire plusieurs forts, elle n'est plus mentionnée que par de rares témoignages médiévaux.

Les croisés occupent la vallée du Wadi Musa appelé en ancien français «li Vaux Moyse» de 1116 à 1189 et ont laissé des forteresses à al-Wu'êra et à al-Habis, apparemment sans avoir reconnu le site de Pétra. Pourtant, Flavius Josèphe dans ses *Antiquités* précise que «le sommet que gravit Aaron domine Pétra, autrefois appelée Arken».

En 1217, Thetmar dans sa *Peregrinatio in Terra Sancta* (XV, 10) mentionne qu'il a laissé à sa main droite Archim (qui correspond au nom «Raqmu»), l'ancienne métropole des Nabatéens.

Le chnoniqueur arabe Nuwêri, racontant le voyage du sultan Baïbars du Caire à Kérak en 1276, évoque Pétra auquel le sultan arrive par le Naqb ar-Rubai, défilé au pied du Jebel Hârûn. En voici un extrait issu de deux manuscrits différents :
«Au lever du jour il [le sultan] gravit la montagne qui était immense, coupée de cols escarpés formés de pierre tendre, semblable à du sable aggloméré, aux couleurs changeant du rouge au bleu et au blanc. Puis il traversa des défilés dans la montagne qui laissent passer un seul homme à cheval à la fois et où se trouvent des sentiers en forme d'escaliers en pierre. Le tombeau d'Aaron, prophète d'Allah, frère de Moïse, paix sur eux deux, se trouve à gauche du voyageur qui se dirige vers la Syrie.»
[…]
«Ce sont des excavations dans la montagne aux formes magnifiques, habitations décorées de colonnes et munies de portes; les façades de ces maisons sont ornées de sculptures taillées dans la pierre au ciseau et toutes gravées d'images et de formes. Elles ont les dimensions des habitations des gens d'aujourd'hui. On retrouve à l'intérieur des salles voûtées, des banquettes qui se font vis-à-vis, des trésors et des harems.»

Traduit par par Fawzi Zayadine,
in *Pétra et le royaume des Nabatéens*,
Les Dossiers d'archéologie, op. cit.

Une attaque de Bédouins, phobie (ou fantasme?) des voyageurs qui traversaient la région.

Hier et aujourd'hui, la même fascination

La redécouverte de Pétra en pleine époque romantique a fait naître une floraison de textes. Certains auteurs s'en tiennent à des considérations morales ou préfèrent donner dans un pittoresque facile. Mais on retrouve aussi, jusque dans les œuvres les plus récentes, quelques thèmes comme le sentiment d'étrangeté dans un paysage minéral, majestueux, écrasant, et pourtant sculpté par des hommes, la solitude tantôt angoissée, tantôt apaisée, la nostalgie enfin au moment du départ. Et aujourd'hui, la bande dessinée (Tintin dans Coke en stock*) et le cinéma (*Indiana Jones*) se sont emparés de la légende de Pétra.*

Premiers voyageurs, premières difficultés

Laborde et son compagnon Linant de Bellefonds furent parmi les premiers Européens à se rendre à Pétra en 1828. Tout comme leurs prédécesseurs, ils eurent bien du mal à visiter la ville.

Le vieux Aboudjazi, qui commandait près de la moitié de notre tribu et qui, à cette époque, était en dispute avec nous, apprend à Gaza, où il se trouvait alors, qu'Ackmed va conduire un Européen à Oaudi Mousa. Résolu de l'en empêcher, il part, rejoint les Fellahs et les persuade que ce Franc ne vient là que pour enlever des trésors, sécher les sources, et empêcher la pluie de tomber; de cette manière il les décide à s'opposer à son entrée dans cette vallée; il fait même dire à notre oncle qu'il n'entrera pas dans Ouadi Mousa. Sept jours se passent en discussions, en demandes, et en refus; enfin le chrétien dit à Ackmed-Rachid : Ils ont des fusils, vous en avez aussi; voyons qui est le plus fort, et allons-y. Notre oncle fit comme il lui dit, il nous ordonna à tous de monter à cheval et à tous les cavaliers de notre tribu, et nous entrâmes par force dans la vallée malgré les fusils des Fellahs et leurs rochers troués; mais, inquiétés continuellement par les habitants aussi bien que par les gens d'Aboudjazi, nous fûmes forcés de partir le jour suivant et nous emmenâmes le chrétien qui était bien triste.

Je demandai à Ackmed depuis quand ils étaient réconciliés avec Aboudjazi; il me répondit qu'il y avait déjà longtemps, mais que, quoique politiquement amis, ils se détestaient dans le fond du cœur. Nous espérâmes que cette bonne intelligence apparente durerait au moins le temps de notre alliance avec eux, et

Les tombeaux à la sortie du Sîq, illustrés par Linant de Bellefonds. A cette époque, on aperçoit encore le wadi Mousa aux rives verdoyantes qui s'écoulait au milieu du défilé.

nous trouvâmes plaisant de visiter Pétra et toutes ses magnifiques ruines sous la protection de celui qui avait chassé nos prédécesseurs. […]

Je tairai les difficultés de ce séjour, prolongé en dépit des avertissements de quelques Fellahs, des menaces de plusieurs autres, et enfin des députations de tout le village, qui semblaient devoir, avec les projets sinistres qu'ils avouaient, nous apporter la contagion qui les menaçait. Nos Arabes, épouvantés par l'idée de la peste, ne trouvant d'ailleurs, au milieu de ces ruines, rien de l'intérêt qu'elles avaient pour nous, croyaient avoir rempli leurs engagements en nous faisant séjourner huit jours entiers dans la vallée. Après deux jours d'observations ils déclarèrent qu'il fallait partir, et nous y consentîmes en réfléchissant que nous avions exploré exactement ce grand labyrinthe de ruines, et que c'était compromettre nos travaux que de les prolonger, et notre autorité sur nos conducteurs que d'en abuser.

Léon de Laborde,
Voyage de l'Arabie pétrée,
Giard, Paris, 1830

D'où viennent les Nabatéens?

Etienne-Marc Quatremère fait partie des nombreux voyageurs «en chambre» qui ne sont jamais allés à Pétra, mais qui se sont pris de passion pour la civilisation nabatéenne.

Il exista jadis dans l'Orient une nation nombreuse, puissante, qui, par son vaste commerce et ses richesses immenses, fruit d'efforts heureux et d'une activité infatigable, obtint une réputation aussi étendue que méritée. Les monuments indestructibles que ce peuple a laissés, et dont l'existence n'a été révélée à l'Europe que depuis un petit nombre d'années, attestent un haut degré de civilisation et doivent avec raison attirer les regards et exciter l'admiration des amateurs éclairés de l'Antiquité et des arts. Les Nabatéens, car c'est d'eux que je veux parler, ont été plusieurs fois nommés par les savants qui ont pris pour but de leurs investigations l'histoire et la géographie de l'Asie; mais ces recherches, plus ou moins approfondies, laissent encore beaucoup à désirer. Personne, ce me semble, ne s'est encore occupé sérieusement d'examiner à quelle race d'homme appartenaient les Nabatéens, de quel pays ils tiraient leur origine, et s'ils avaient toujours habité les régions où, suivant le témoignage de l'histoire, ils restèrent fixés pendant plusieurs siècles. […]

Les Nabatéens ne sont nommés nulle part dans le texte hébreu de la Bible. Cette circonstance pourrait induire à croire que ce peuple, à l'époque où fleurirent les écrivains sacrés, n'habitait point encore dans le voisinage de la Palestine; Hérodote n'en fait non plus aucune mention; mais d'autres auteurs grecs et latins ont connu les Nabatéens, dont ils parlent, dans une quantité de passages, avec des détails plus ou moins étendus; et tous s'accordent à placer dans l'Arabie la contrée qu'occupait cette nation, moins guerrière qu'active et industrieuse.

Etienne-Marc Quatremère,
Mémoire sur les Nabatéens,
Imprimerie royale, Paris, 1835

Paul Morand, le désabusé

Pétra n'a pas séduit l'écrivain-voyageur, qui semble dans ce bref passage s'inspirer de certains de ses prédécesseurs pour dire sa répulsion. Mais avec combien plus de véhémence et d'éloquence!

C'est dans cette carrière que la Rome impériale venait s'approvisionner; ses marchands s'enrichirent fabuleusement, entassèrent dans le roc creusé l'encens et la myrrhe, l'or et les pierreries, les soies et les poudres de santal […]. Leurs chairs s'amollirent dans les thermes, leurs âmes dans les théâtres; ils s'enchantèrent de cet art hybride où tous les styles sont plagiés, l'hellénistique, l'assyrien, l'égyptien. Ces décadents n'eurent pas la force de construire et se servirent du rocher tout fait, se contentant de le moulurer; cette fin de race retourna au troglodyte par peur, par paresse. […] Palmyre sur la route des Indes, c'était le lieu d'échange, le marché ouvert, l'argent mobile et Pétra, ce fut l'autre face de la fortune, l'épargne, le stérile entassement, la thésaurisation, la peur et le secret plus lourd que la porte du tombeau.

Paul Morand,
La Route des Indes,
Plon, Paris, 1936

La vallée de la Mort

Femme d'archéologue, Agatha Christie visita Pétra, où elle situa un épisode de son roman «Rendez-vous avec la mort».

Scrutant des yeux le vaste désert, Sarah se demandait de quel côté se dressait la forteresse rocheuse de Pétra. Rien ne bouchait l'horizon, ni montagnes, ni collines. Arriveraient-ils bientôt au terme de ce voyage?

Au village d'Aïn Musa, on dut abandonner le car. Là, des chevaux les attendaient. Sa robe de toile rayée consternait fort Miss Pierce. Lady Westholme portait un costume de cheval qui ne seyait pas particulièrement à son genre de beauté, mais semblait des plus pratiques.

Les chevaux sortirent du village par un sentier glissant et caillouteux. Par endroits, le sol s'affaissait et les bêtes devaient zigzaguer. Le soleil était bas sur l'horizon.

Déjà fatiguée par le long trajet en voiture, Sarah se sentait étourdie. Cette promenade à cheval lui produisait l'effet d'un cauchemar. Il lui semblait que l'enfer allait s'ouvrir sous ses pieds. Le chemin descendait en serpentant à travers un labyrinthe de rocs rouges. Dans cette gorge de plus en plus étroite, Sarah suffoquait.

Une pensée lancinante hantait son cerveau : «Je descends dans la vallée de la mort!»

La caravane descendait toujours. La nuit tombait. Le rouge vif des falaises s'assombrit et les touristes poursuivaient leur marche sinueuse, vers les entrailles de la terre.

Sarah songeait : «C'est hallucinant… une ville morte…»

Et de nouveau, l'antienne revint à ses lèvres : «La vallée de la mort!»

On alluma des lanternes. Les chevaux suivaient les sentes étroites. Soudain, les touristes débouchèrent dans un vaste cirque et aperçurent un groupe de lumières.

– Voici le campement, annonça le guide.

Les chevaux pressèrent légèrement le pas. Ils étaient trop las et trop affamés pour donner un réel effort. Cependant, ils montraient un peu d'entrain. A présent, le sentier suivait la rive caillouteuse d'un cours d'eau. Les lumières semblaient se rapprocher.

On discernait quelques tentes devant des rochers où s'ouvraient des cavernes.

Enfin on arrivait. Des serviteurs bédouins s'avancèrent en courant.

Sarah leva les yeux et, devant une des cavernes, aperçut une forme assise. Etait-ce une idole? Une gigantesque statue de bouddha?

Tout à coup, le cœur de Sarah se mit à battre à coups précipités.

Adieu cette impression de paix et de solitude que lui avait donnée le désert! De nouveau, elle devenait captive. Elle était descendue dans cette sombre vallée et là, telle une prêtresse de quelque culte inconnu, elle voyait Mrs Boynton, pareille à une monstrueuse statue de bouddha! […]

D'un geste, il indiqua les fantastiques rochers rouges surgissant de toutes parts.

– Moi, je trouve cela admirable, mais un peu terrifiant, répondit Miss King. Je m'attendais à découvrir une ville de rêve, la cité rose. Mais la couleur criarde me rappelle le bœuf cru.

Agatha Christie,
Rendez-vous avec la mort (Appointment with Death),
Librairie des Champs-Elysées,
Paris, 1952

Le dit des pierres

En 1993, fut réunie une série de textes d'écrivains de langues française et arabe sur Pétra, parmi lesquels J.-M. G. Le Clézio, qui s'est identifié au découvreur Burckhardt.

Le père de Samaweyn disait aussi l'interdiction, car nul en ce temps-là ne devait chercher à connaître le secret du passé. Nul ne devait laisser les étrangers s'approcher du Trésor, car les esprits sont jaloux et pleins de colère. Si le malheur voulait qu'un étranger pénétrât dans leur ville et cherchât à s'approprier leur bien, les esprits se vengeraient, et le peuple bédouin serait chassé à jamais de Pétra. [...] Tout d'un coup, je l'ai vu. Le Trésor, la légèreté, la tendresse. La nouveauté. Une idée, mieux qu'une idée, un rêve. Couleur de nuage. Comme cela il lui est apparu, en cette matinée du 22 août 1812, vers huit heures, au débouché du sîq, après tant de fatigues et d'atermoiements, immense et brillant comme l'aurore entre les parois noires de la montagne. Alors, comme moi, il titubait sur la place, enveloppé dans les tourbillons du vent de poussière, il déposait l'outre d'eau par terre et il s'asseyait pour mieux voir. Le guide avait déposé la chèvre ligotée sur le sol, et lui aussi regardait la demeure des génies. Puis il s'est retourné vers Burckhardt, il lui a demandé : Que fais-tu? Le Voyageur, courbé en avant, serrant dans ses mains son journal caché sous sa robe : Je ne peux plus marcher, je suis fatigué, restons un instant ici. Et son regard brillant démentait ses paroles. Il ne sentait aucune fatigue. Son cœur battit plus fort, ses yeux brûlaient, parce qu'il avait découvert le Trésor. Un rêve, pensait-il, un rêve inachevé, tremblant encore de la vibration de la nuit qui l'avait créé, au bord de l'oubli. Jailli comme un visage de pierre. Viens! Hâtons-nous, disait le guide. Le tombeau de Haroun est encore loin, les génies sont partout. Son visage noir était tendu, son regard aiguisé comme un métal. Il était debout au centre de la place, tournant le dos au tombeau, son manteau en haillons secoué par le vent. A ses pieds, dans la poussière, la vieille chèvre rampait, ruant de ses pattes ligotées, pareille à une bête qu'on égorge.

J.-M. G. Le Clézio,

Le romancier jordanien, Jamal Abu Hamdan, intitula son texte « Alternances de la veille et du rêve».

Enfin Pétra apparut à l'horizon, mais elle n'était toujours pas présente comme émotion. Mon entrée dans la ville fut une sorte de violence, mais je ne pénétrai pas véritablement en son sein.

La ville avait commencé à sortir du cœur du rocher, elle se donnait à toutes les activités, sauf à celles du cœur; c'était une tête pleine de rêves impétueux, au-dessus d'un corps ardent aux teintes rosées attentif aux allées et venues du temps, aux lances brisées alentour...

Quant au cœur, il demeurait caché, et sa souffrance était invisible. [...]

– Pourquoi Pétra a-t-elle disparu?

Je répondis doucement :

– Elle n'a pas disparu, ô étranger, elle est cachée.

– Ne m'appelle pas étranger... J'entrerai en relation avec elle...

Je hochai la tête en signe de pitié. Nous restâmes silencieux, jusqu'à ce que le soleil, atteignant au zénith, mêlât nos deux ombres; je commençais à éprouver de l'amitié pour lui, et je pris cette fois-ci l'initiative de la parole :

– Qu'est-ce qui t'intéresse en elle? Pourquoi es-tu venu du bout du monde, ô étranger, pour mourir loin de ton tombeau?

Il répondit avec tristesse :

– On ne meurt jamais loin de son tombeau; tout homme porte sa tombe en lui-même, et ce qui se passe, c'est qu'il s'y replie; il n'y a pas de mort au-dehors; toute mort est intérieure, et la mort est facile, comme la vie.

Pour la première fois, je me trouvai d'accord avec son discours. Il en profita, et me dit en criant :

– Alors, montre-moi le chemin qui mène à elle, ou bien parle-moi d'elle.

Mais je restais assis en silence méditant ce qu'il avait dit et ce que je n'avais pas dit. Il attendit, jusqu'au moment où, renonçant à me faire changer d'attitude, il se leva. Le soleil penchait vers l'horizon, et, comme il s'éloignait, son ombre s'allongeait devant lui, comme pour le conduire vers elle. [...]

Jamal Abu Hamdan

Le poète irakien d'origine palestinienne Jabra Ibrahim Jabra imagina, quant à lui, la Pétra des vivants.

– Le roc, le roc! Toute chose merveilleuse est faite de roc. Avec quelle habileté, quelle patience et quel amour ils ont taillé ces roses de pierre! [...]

Regarde! Comme elles sont merveilleuses les formes abstraites que la nature a sculptées à travers les âges! Puissions-nous en faire autant! Sculpter dans le roc que le temps a travaillé de ses mains, jusqu'au cœur de son mystère et de son essence !

J'ai alors imaginé des foules de gens remplissant le large espace entre les deux montagnes, cet espace qui à l'origine avait été occupé par des places et des marchés de la ville. Shaqilât les regardait aussi, avec une expression d'infinie tendresse, répandant sur eux ses bénédictions, quelles que soient leurs activités. Il y avait là des vendeurs et des acheteurs, des ouvriers et des artisans, des prêtres, des voleurs, de jeunes voyous. Il y avait des fonctionnaires et des paysans, des forgerons, des soldats, des potiers, des mendiants. Il y avait des gens honnêtes et des menteurs, des orgueilleux et des flatteurs, des peintres, des sculpteurs, des poètes qui adressaient des compliments aux passantes, impunément. Il y avait des enfants qui riaient et qui pleuraient, des pères et des mères portant des couffins de fruits et de légumes sans se plaindre, ou, s'ils se plaignaient, c'était en soupirant et en implorant le secours de la sœur d'al-Lât, dont la silhouette céleste se dressait sur le seuil de son imposant palais de rocher. Sous son regard passaient des milliers de gens qui se dirigeaient vers le théâtre pour attendre les saltimbanques, les danseurs et les troupes de comédiens. La musique éclatait dans l'air et préparait les hommes et les femmes pressés les uns contre les autres au grand spectacle de la lutte de l'être humain avec son destin pour une vie pleine de sentiments, d'amour, de fierté et de pitié; pleine de courage à l'égard du mal et des forces du néant. Et, qui sait? peut-être le mal et le néant sont-ils représentés par les dieux lorsqu'ils oppriment l'homme et la ville avec leur arrogance et leur obstination.

Jabra Ibrahim Jabra

Pétra. Le Dit des pierres,
Textes réunis par Philippe Cardinal,
Actes Sud, 1993

Un site à préserver

Le nom sémitique ancien de Pétra, Reqem *ou* Raqmu, *signifierait «la Bariolée», faisant bien sûr allusion à l'extraordinaire palette de couleurs que revêtent les grès. Des monuments ainsi taillés dans la montagne paraissent indestructibles. Le site entier est pourtant menacé par l'érosion naturelle et par l'action des eaux, qu'aggrave l'abandon de la ville depuis plus d'un millénaire. Des remèdes sont aujourd'hui à l'étude pour enrayer cette dégradation.*

Carte archéologique

De nouvelles entreprises systématiques de relevés des vestiges sont aujourd'hui menées à bien, fondées sur une cartographie précise et sur de minutieuses explorations sur le terrain. Pétra compte désormais plus de trois mille monuments décrits dans une base de données et répartis dans quinze cartes. L'informatique permet en effet de tirer le meilleur parti de ces relevés et, en étudiant la distribution des vestiges par catégorie et par période, de préciser les étapes de l'occupation du site. Cet extrait de la nouvelle carte archéologique de Pétra (à droite), actuellement en cours de publication par L. Nehmé et R. Saupin, montre à l'échelle du 1/2500e le secteur de Bâb as-Sîq : les monuments n° 34 et 35 représentent le tombeau aux Obélisques et son *triclinium*. Les monuments sont figurés à l'aide de symboles qui reproduisent autant que possible leur forme réelle.

Laïla Nehmé

Comment préserver le site de Pétra?

Pour protéger certains monuments, la roche et le site, de nombreuses études ont été menées et des solutions originales sont proposées, comme celle d'Electricté de France.

Depuis de nombreuses années, le Royaume Haschémite de Jordanie et l'UNESCO se préoccupent de manière constante du problème de dégradation des monuments du site de Pétra. A la demande du Royaume de Jordanie, Electricité de France a mené une réflexion globale sur ce problème :

1) Assurer une maîtrise globale de l'eau.

Dans l'Antiquité, Pétra, fille du

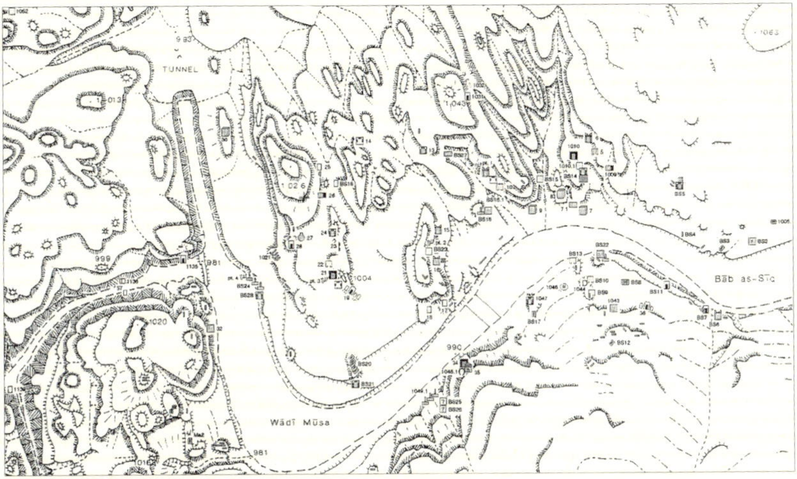

désert, était une oasis verdoyante. En effet, les Nabatéens avaient mis au point un ingénieux système de captation et de stockage des eaux de pluie et de ruissellement (barrages, citernes), utilisant cette eau pour des usages domestiques (fontaines), pour des utilisations agricoles (irrigation des jardins du *Triclinium*) ou pour des pratiques cultuelles. Ce faisant, les Nabatéens maintenaient le niveau de la nappe phréatique dans des limites acceptables pour la conservation des monuments.

Qu'en est-il aujourd'hui? Abandonné depuis près de deux mille ans, en partie détruit par les tremblements de terre, le système hydraulique nabatéen ne remplit plus son rôle. Les eaux de pluie et de ruissellement s'infiltrent dans le sous-sol de Pétra faisant ainsi monter le niveau de la nappe phréatique. Sous l'effet de la chaleur et de l'évaporation, elles remontent, chargées de sel, par capillarité dans la roche des monuments rupestres. Après évaporation, les sels cristallisent à la surface des grès et provoquent ainsi une destructuration de la roche. L'érosion mécanique ou éolienne poursuit alors le travail de destruction des monuments.

Peut-on améliorer cette situation? Electricité de France a réalisé une étude hydrogéologique pour la maîtrise globale de l'eau de Pétra avec pour objectif de :

– lutter contre les crues en rétablissant des ouvrages nabatéens et en construisant de nouvelles prises d'eau et barrages,

– créer des réservoirs souterrains pour les eaux de pluies et de ruissellement en vue de leur consommation domestique,

– abaisser le niveau de la nappe phréatique pour diminuer en volume les remontées capillaires et mieux protéger ainsi les monuments,

– recréer, avec les boues des eaux usées, certains jardins nabatéens.

2) Traiter la pierre

Après avoir abaissé le niveau de la nappe phréatique, il est nécessaire :

– de diminuer la porosité des grès pour limiter encore les remontées capillaires,

– de renforcer par traitement la structure des roches dégradées. [...]

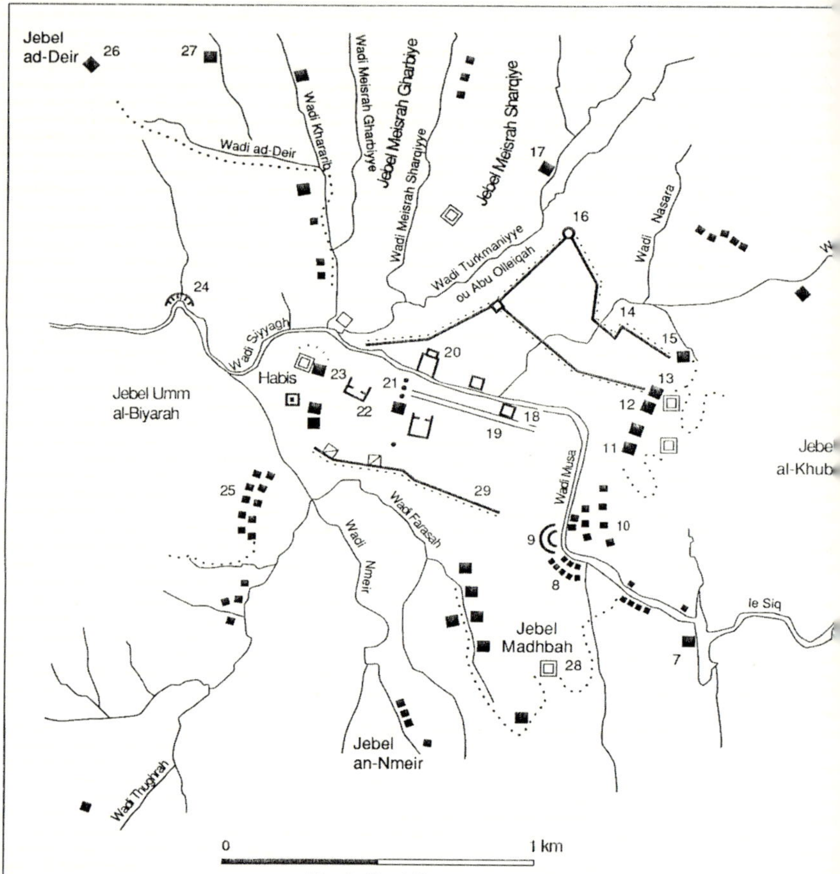

D'après Derek Kennet

Plan de Pétra établi par L. Nehmé, d'après Derek Kennet

1- Tombeaux «Djinn»
2- Tombeau aux obélisques
3- Digue
4- Tunnel de dérivation de l'eau
5- Secteur d'al-Madras
6- Le Sîq
7- La Khazneh
8- Terrasses avec façades de tombeaux
9- Théâtre
10- Tombeau d'Uneishu
11-Tombeau à l'urne
12- Tombeau corinthien
13- Tombeau à étages
14- Rempart nord
15- Tombeau de Sextius Florentinus
16- Tour Conway
17- Tombeau dit du Turkmaniyeh
18- Nymphée
19- Voie à colonnades
20- Temple aux lions ailés
21- Triple arche

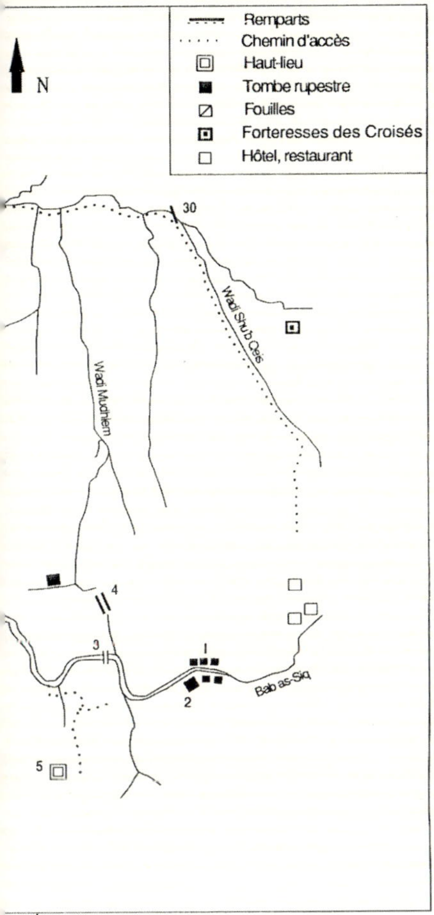

22- Qasr el-Bint
23- Musée
24- Carrières
25- Sommet d'Umm al-Biyarah
26- Le Deir
27- Qattar ad-Deir
28- Haut-lieu du Madhbah
29- Rempart sud
30- Aqueduc

Aujourd'hui, par électrophorèse, il est possible d'introduire dans la structure même de la pierre un minéral de synthèse (hydroxyapatite) qui, après cristallisation, renforcera la résistance du grès et permettra de contrôler les phénomènes de remontées capillaires.

Daniel Brizemeure,
in Catalogue de l'exposition «Jordanie. Sur les pas des archéologues»,
SDZ/IMA, 1997

Le devenir du site

En l'absence de couverture végétale, la région de Pétra offre au regard du visiteur un échantillonnage de roches qui pourrait à lui seul justifier un séjour.

Mais le site est aussi menacé par l'extension de l'habitat, et par les conséquences de la fréquentation touristique qui s'accroît d'année en année. Sous l'égide du gouvernement jordanien et avec l'appui de l'UNESCO, plusieurs grands organismes collaborent à l'effort de préservation : le Petra Region Planning Council coordonne l'action de divers ministères, le Petra National Trust (PNT) s'occupe notamment aujourd'hui de la protection contre les crues. Des projets précis de restauration accompagnée d'un traitement de la roche ont été engagés, comme ceux d'EDF et du GTZ allemand. La création d'un Parc national et archéologique doit permettre de préserver et de mettre en valeur l'un des plus célèbres sites archéologiques du monde, tout en maîtrisant le développement du tourisme. Dans l'étude pluridisciplinaire qui, seule, peut permettre de trouver des solutions et de les mettre en œuvre, la recherche archéologique a donc un rôle de choix à jouer.

Christian Augé et Jean-Marie Dentzer

CHRONOLOGIE

Env. 10 000 - 8 000 Premières traces d'installations sédentaires néolithiques à Beidha.

Fin VIIIe - VIIe siècle Installations édomites à Pétra.

VIe siècle (?) Les nomades nabatéens s'infiltrent en pays d'Edom.

332 Alexandre le Grand achève la conquête du Proche-Orient.

312 Antigone le Borgne échoue dans sa double expédition contre Pétra.

IVe - début du IIe siècle Les Ptolémées (Lagides), rois d'Egypte, dominent la région ; les Nabatéens semblent indépendants : première attestation d'un roi Arétas au IIIe siècle (?).

259 Les papyrus de Zénon mentionnent les «gens de Rabbel» dans le Hauran.

Fin IIIe - début du IIe siècle Les Nabatéens étendent leur pouvoir.
Ils soutiennent le roi séleucide Antiochos III qui chasse les Ptolémées du Sud-Levant.

170-168 Arétas Ier (?).
Mentions d'un roi Arétas, «tyran des Arabes».

2e moitié du IIe siècle Les relations entre les Nabatéens et leurs voisins les Hasmonéens (Maccabées), d'abord bonnes, tournent à la confrontation.

Vers 120/110-96 Arétas II.

100 Le roi hasmonéen Alexandre Jannée assiège et prend Gaza, qui attend en vain les secours nabatéens.

96-vers 85 Obodas Ier, fils d'Arétas II.
Première inscription nabatéenne datée à Pétra, «l'an I d'Obodas, roi de *Nabatu*».

93-90 Obodas bat Jannée et prend (ou reprend) les pays de Moab et de Galaad, à l'est du Jourdain.

85 Le Séleucide Antiochos XII est battu et tué par la cavalerie d'Obodas.
C'est sans doute cet Obodas déifié qui est enseveli à Eboda (Avdat).

84-62/60 Arétas III «Philhellène», fils d'Obodas Ier.

84-72 Arétas règne à Damas.

Vers 82 Il bat Alexandre Jannée.
Le roi hasmonéen reprend bientôt ses conquêtes à l'est du Jourdain et vers Gaza.

67 Arétas s'allie au fils aîné de Jannée, Hyrcan II, détrôné par son frère, et l'accueille à Pétra.

65-64 Il l'aide à assiéger Jérusalem. Mais les Romains les contraignent à lever le siège.
Arétas et Hyrcan sont battus dans la vallée du Jourdain.

64-63 Pompée crée la province romaine de Syrie et prend Jérusalem.

62 Le gouverneur Scaurus dirige une expédition contre Pétra, qu'il n'atteint pas.
Arétas doit payer une lourde indemnité.
Pendant une quarantaine d'années, le roi nabatéen sera considéré comme «client» de Rome.

62-60 Obodas II (?)
Règne incertain, connu seulement par une inscription et des monnaies.

60-30 Malichos Ier.

55 Le gouverneur de Syrie, Gabinius, mène une attaque contre les Nabatéens.

47 Malichos envoie des renforts à César devant Alexandrie.

40 Malichos soutient l'invasion parthe en Syrie-Palestine, qui échoue.
Il est assujetti à une forte amende.
Une partie de «l'Arabie des Nabatéens» et les revenus du bitume de la mer Morte sont donnés à Cléopâtre (en 34).
Hérode défait une armée nabatéenne.

31 Lors de la rivalité entre Antoine et Octave, hésitations de Malichos qui tente, après la bataille d'Actium, de se concilier Octave.

30-9 Obodas III (ou Obodas II ?).

30 Les Nabatéens achètent l'Auranitide (Hauran), qu'ils garderont jusqu'en 23.

27 Octave devient Auguste : début de l'Empire.

25-24 La grande expédition du préfet d'Egypte, Aelius Gallus, vers l'Arabie Heureuse comprend un contingent nabatéen, mais son chef Syllaios aurait fait, selon Strabon, échouer l'entreprise. Le commerce en mer Rouge est détourné vers l'Egypte, affectant le trafic caravanier nabatéen.

9 av. - 40 apr. J.-C. Arétas IV, «qui aime son peuple». Il accède au trône malgré les intrigues de Syllaios.
Ses épouses sont Huldu, puis à partir de 16 ou 18 apr. J.-C. Shaqilat ou Shuqailat (I).

4 av. J.-C. A la mort d'Hérode, les Nabatéens prennent part à la répression de révoltes.
Le royaume est partagé entre ses trois fils.

Vers 27 L'un de ceux-ci, Antipas, répudie son épouse, fille d'Arétas, qui envahit le

Jaulan et le Hauran, possessions syriennes d'un autre fils d'Hérode, et bat Antipas (avant 34).

37 Agrippa Ier (37-44) reconstitue le royaume hérodien et le transmet à son fils Agrippa II.

40-70 Malichos II, fils d'Arétas IV. Son épouse est la reine Shaqilat (II).

66-67 Début de la révolte juive contre Rome (66-70). Agrippa II et Malichos appuient les Romains.

70-106 Règne de Rabbel II, «qui a fait vivre et a sauvé son peuple», fils de Malichos II.

70-76 La reine-mère Shaqilat exerce la régence.

76-102 Rabbel a pour épouse Gamilat.

102-106 Règne une seconde reine, Hagru, attestée dès 88 (l'an XVIII). Bosra s'affirme comme seconde capitale du royaume.

Vers 76 Dernières épitaphes nabatéennes à Hégra.

95-100 Mort d'Agrippa II, dont le royaume est incorporé à la province de Syrie.

106 Trajan annexe la Nabatène (apparemment sans combat, à la mort de Rabbel II ?) et crée la Province d'Arabie, dont Bosra est la capitale. Pétra reçoit le titre honorifique de métropole (*métropolis*).

111-114 Construction de la *Via Nova Traiana*, reliant Bosra à Aqaba, en passant par Pétra.

Entre 127 et 130 Titus Aninius Sextius Florentinus, gouverneur d'Arabie, meurt sans doute à Pétra et y est enterré.

130 ou 131 Visite d'Hadrien à Pétra, qui prend le titre de *Petra Hadriané Métropolis*.

218-222 Sous le règne d'Elagabal, Pétra devient colonie romaine (*Petra colonia*).

295-314 Réorganisation administrative entreprise sous Dioclétien : Pétra est peut-être rattachée à une nouvelle province d'Arabie, qui deviendra, au cours du IVe siècle, la Palestine Salutaire (*Provincia Palaestina Salutaris*), dont elle est vraisemblablement la métropole.

Vers 304 Persécution de chrétiens à Pétra, due au préfet Maximus. Le christianisme se développe.

343 Première mention d'un évêque «d'Arabie» (*ab Arabia*).

19 mai 363 Un tremblement de terre détruit la ville : la rue à colonnades et divers édifices (autres séismes en 419, 551 et 747).

Vers 400 La province prend le nom de Palestine Troisième (*Provincia Palaestina Tertia*) et s'agrandit vers le nord, entre 451 et 535.

420-423 Episode de Barsauma, conversions forcées à Pétra.

24 juillet 446 Consécration comme église de l'ancien «tombeau à l'Urne».

528-586 Dates des papyrus de l'église centre-ville.

Entre 630 et 638 Conquête musulmane de la région.

661 A la suite de l'arbitrage d'Udruh, près de Pétra (658), Muawiya devient calife à la mort d'Ali : début de la dynastie omeyyade.

749-750 Début de la dynastie abbasside, dont la capitale est transférée à Baghdad.

1114 - 1116 Baudouin Ier construit des forteresses dans la future «seigneurie d'Oultre-Jourdain», dont, à Pétra, «li Vaux Moyse» (Wuaira) et el-Habis.

1187-1188 Saladin, victorieux des Francs à Hattin et à Kérak, occupe «li Vaux Moyse».

1217 Le pèlerin allemand Thetmar passe près de Pétra.

1276 Le sultan mamelouk Baïbars, venant du Caire, traverse Pétra, dont le chroniqueur Nuweiri (1279-1332) donnera une description résumée d'après le récit de l'annaliste Ibn 'Abd ez-Zaher.

22 août 1812 Burckhardt redécouvre Pétra.

BIBLIOGRAPHIE

Les voyageurs

- Burckhardt (J. L.), *Travels in Syria and the Holy Land*, Londres, Murray, 1822.
- Doughty (C.), *Travels in Arabia Deserta*, Cambridge, 1888.
- Laborde (L. de), *Voyage de l'Arabie Pétrée, par Léon de Laborde et Linant*, publié par Léon de Laborde, Paris, Giard, 1830; *Pétra retrouvée*, Paris, Pygmalion-Gérard Watelet, 1994 (préface et notes de Ch. Augé et P. Linant de Bellefonds, précédé de «La Découverte de Pétra», extraits du récit de J. L. Burckhardt, traduits par Ph. Babo).
- Luynes (H. d'A., duc de), *Voyage d'exploration à la mer Morte, à Pétra et sur la rive gauche du Jourdain…*, Paris, Artus Bertrand, 1871-1876.
- Roberts (D.) *Carnets de voyage, Egypte, Terre Sainte*, Paris, Anthèse, 1989 (1839).
- Robinson (E.), *Biblical Researches in Palestine and the Adjacent Regions*, Londres, Murray, 1856, 3e éd., Londres, 1867.

Etudes et travaux devenus classiques

- Bachmann (W.), Watzinger (C.), Wiegand (Th.), *Petra, Wissenschaftliche Veröffentlichungen des deutsch-türkischen Denkmalschutz-Kommandos*, Berlin, 1921.
- Brünnow (R. E.), Domaszewski (A. von), *Die Provincia Arabia*, Strasbourg, K. J. Trübner, 3 vol., 1904-1909.
- Cantineau (G.), *Le Nabatéen*, Paris, 1930-1932.
- Dalman (G.), *Petra und seine Felsheiligtümer*, Leipzig, 1908; *Neue Petra-Forschungen und der heilige Felsen von Jerusalem*, Leipzig, 1912.
- Jaussen (J.), Savignac (R.), *Mission archéologique en Arabie*, Paris, 1909-1914, 2 vol. (réimpression récente par l'IFAO, Le Caire).
- Kammerer (A.), *Pétra et la Nabatène*, Paris, Geuthner, 1929-1930, 2 vol.
- Kennedy (A. B. W.), *Petra, its History and Monuments*, Londres, 1925.
- Musil (A.), *Arabia Petraea*, II, *Edom*, Vienne, 1907.

Etudes archéologiques récentes

- Bowersock (G. W.), *Roman Arabia*, Cambridge (Mass.)-Londres, 1983.
- Glueck (N.), *Deities and Dolphins, The Story of the Nabataeans*, Londres, Cassell, 1966.
- Dentzer (J.- M.), Zayadine (F.), «L'Espace urbain de Pétra», *Studies in the History and Archaeology of Jordan*, IV, Amman, 1992.
- Hammond (Ph. C.), *The Nabataeans – Their History, Culture and Archaeology*, 1973.
- Joukowsky (M.), éd., *Petra Great Temple, volume I : Brown University Excavations 1993-1997*, Providence, R. I., 1998.
- Lindner (M.), *Petra und das Königreich der Nabatäer*, Munich, Delp, 1982; 2e éd. 1989; *Petra, neue Ausgrabungen und Entdeckungen*, Munich, Delp, 1986.
- McKenzie (J.), «The Development of Nabataean Sculpture at Petra and Tannur», *Palestine Exploration Quarterly*, 120, 1988; *The Architecture of Petra*, Oxford University Press, Oxford, 1990.
- *The Nabataeans*, ARAM 2, 1990, First International Conference, Oxford, 1991.
- Nehmé (L.), «L'Espace cultuel de Pétra à l'époque nabatéenne», *Topoi Orient-Occident*, volume 7/2, 1997.
- Nehmé (L.), Villeneuve (F.), *Pétra, métropole de l'Arabie antique*, Paris, Le Seuil, 1999 (photos de G. Degeorge).
- Parr (P. J.), «Sixty Years of Excavation in Petra. A Critical Assessment», *Aram* 2.
- *Petra - ez Zantur I. Ergebnisse der Schweizerisch-Liechtensteinischen Ausgrabungen 1988-1992*, Terra Archaeologica, Bd. II, Mayence, Ph. von Zabern, 1996.
- Sartre (M.), *Inscriptions de Jordanie*, IV, *Pétra et la Nabatène méridionale*, Paris, Geuthner, 1993.
- Starcky (J.), s. v., *Pétra et la Nabatène*, supplément au *Dictionnaire de la Bible*, VII, col. 886-1017, Paris, Letouzey & Ané, 1966.
- Tholbecq (L.), «Les Sanctuaires des Nabatéens», *Topoi*, 7/2, Lyon, 1997.
- Weber (T.), Wenning (R.) dir., *Petra*, Mayence, Ph. von Zabern, 1997.
- Wenning (R.), *Die Nabatäer – Denkmäler und Geschichte*, Göttingen, 1987.
- Zayadine (F.) éd., *Petra and the Caravan Cities*, Amman, 1990; «L'Espace urbain du grand Pétra. Les routes et les stations caravanières», *ADAJ*, 36, 1992.
- Zayadine (F.) et Farajat (S.), «The Petra National Trust Site Projects. Excavation and Clearance at Petra and Beida», *ADAJ*, 35, 1991.
- Nombreux articles dans *Annual of the Department of Antiquities of Jordan* (*ADAJ*).

Catalogues d'expositions
- «Jordanie, sur les pas des archéologues», Institut du monde arabe, Paris, SDZ-IMA, 1997.
- «La Voie Royale, 9000 ans d'art au royaume de Jordanie», musée du Luxembourg, Paris, 1986.
- «Un royaume aux confins du désert : Pétra et la Nabatène», Muséum de Lyon, 1978-1979.

Numéros spéciaux de revues
- «Pétra, la cité rose du désert», *Le Monde de la Bible*, nº 14, mai-juillet 1980, dir. J. Starcky.
- «Pétra, cité rose du désert. Nouveau regard sur l'aventure nabatéenne», *Le Monde de la Bible*, nº 88, juillet-septembre 1994, dir. J.-M. Dentzer.
- «Pétra et le royaume des Nabatéens», *Les Dossiers d'archéologie*, nº 163, septembre 1991, dir. F. Zayadine.
- «Jordanie. Sociétés, rites et religions», *Les Dossiers de l'archéologie* n° 244, juin 1999, dir. G. Dollfus.
- «Pétra. Dernières nouvelles de la cité rose», *Le Monde de la Bible*, n° 127, mai-juin 2000.

Livres illustrés, albums, guides, romans
- AMADASI GUZZO (M. G.), EQUINI SCHNEIDER (E.), *Petra*, Munich, Hirmer, 1998.
- BAEDEKER (K.), *Palestine et Syrie*, Manuel du voyageur, éd. fr., Leipzig, 1912.
- BROWNING (I.), *Petra*, Londres, Chatto & Windus, 3e éd., 1989.
- CARDINAL (Ph.) dir., *Pétra, le dit des pierres*, Arles, Actes Sud, 1993.
- CHAMPDOR (A.), *Pétra*, Paris, A. Maisonneuve, 1979.
- CHRISTIE (A.), *Rendez-vous avec la mort*, Paris, Librairie des Champs-Elysées, 1952.
- DENTZER (J.-M.), ZAYADINE (F.), «Pétra, le refuge des nomades», *Sciences et avenir*, hors-série nº 82, Les Merveilles du monde, 1991.
- Guide Bleu *Jordanie*, Paris, Hachette, rééd. 1998.
- HARDING (G. L.), *The Antiquities of Jordan*, Londres-Amman, 1959, 1967, 1974.
- KHOURI (R. G.), *Petra, A Brief Guide to the Antiquities*, Amman, 1988; trad. fr. 1989.
- MEISTERMANN (B.), *Guide du Jourdain par le Sinaï et Pétra*, Paris, Picard, 1924.
- STIERLIN (H.), *Les Cités du désert, Pétra, Palmyre, Hégra*, coll. «L'Art antique du Proche-Orient», Fribourg-Paris, Le Seuil, 1987.
- TAYLOR (J.), *Petra* (préfacé par sa Majesté le roi Hussein), Londres, Aurum Press Ltd., 1993.
- WILLEITNER (J.), DOLLHOPF (H.), *Jordanien*, Munich, Hirmer, 1996.
- Tourist Map of Petra [carte touristique au 1/5000], Amman, RJGC, 1992.

TABLE DES ILLUSTRATIONS

COUVERTURE

1er plat La Khazneh vue du Sîq, photo.
4e plat Tombe Palais.
Dos Détail de la Khazneh.

OUVERTURE

1 La Khazneh, photo.
2 Détail d'une paroi rocheuse, photo.
3 Détail du tombeau Brünnow 70 particulièrement érodé, photo.
4 Détail d'une paroi rocheuse, photo.
5 Tombeaux de la nécropole située à la sortie du Sîq, photo.
6 Détail d'une paroi rocheuse, photo.
7 Tombeau de la Soie, photo.
9 Graffito nabatéen, photo.

CHAPITRE I

10 *Le Khazneh vu du Sîq, 7 mars 1839*, lithographie de Louis Hague d'après David Roberts, *The Holy Land, Syria, Idumea, Arabia, Egypt and Nubia*, Londres, 1842-1849.
11 *Un jugement chez les Bédouins, 6 mars 1839* (détail) lithographie de Louis Hague d'après David Roberts, *ibid.*
12g Croquis de la Khazneh par J.-L. Burckhardt, 22 août 1812, *in* J.-L. Burckhardt, *Travels in Syria and The Holy Land*, Londres, 1822.
12d *Cheikh Ibrahim*, J.-L. Burckhardt en costume arabe, par H. Salt, 1817, *in* J.-L. Burckhardt, *ibid.*
13 La Khazneh vue du Sîq, par W. J. Bankes, crayon, encre et aquarelle, mai 1818. Dorset Archive Service, W. J. Bankes Papers Dorchester.
14 La Khazneh par W. J. Bankes, encre et aquarelle, mai 1818, *ibid.*
15 *Tombeau avec une inscription grecque*, lithographie de Villeneuve d'après un dessin de Laborde, *in* Léon de Laborde, *Voyage de l'Arabie pétrée, par Léon de Laborde et Linant,* publié par Léon de Laborde, Paris, 1830. Coll. part., Paris.
16g *Intérieur d'un tombeau*, triclinium du tombeau du «Soldat romain», lithographie d'Arnout et V. Adam d'après un dessin de Laborde, *in* Léon de Laborde, *ibid.*
16d Portrait de Léon de Laborde en costume bédouin, lithographie d'Achille Deveria d'après un dessin de

Madame D., *in* Léon de Laborde, *ibid.*
16-17 Vue générale des tombeaux de la Khubthah, prise de l'ouest, lithographie de Bichebois d'après un dessin de Linant de Bellefonds, *in* Léon de Laborde, *op. cit.*
18-19 Grands tombeaux du versant ouest de la Khubthah, aquarelle de William Bartlett, 1845-1848. Collection Searight, Victoria & Albert Museum, Londres.
19 Frontispice de Léon de Laborde, représentant la rencontre de Joseph et de son père Jacob au pays de Gessen, *in* Léon de Laborde, *op. cit.*
20 *L'Entrée du Sîq, 9 mars 1839*, lithographie de Louis Hague d'après David Roberts, *in* David Roberts, *op. cit.*
21-22 *Les Membres de l'expédition des peintres français en Orient.* De gauche à droite : J.-L. Gérome, W. de Barthélémy, L. Bonnat, E. Journault, W. de Famars Testas, P. Lenoir, J. Moussali (drogman), A. Goupil, J.-R. Goubie, F. Masson, aquarelle de Willem de Famars Testas, 19 mars 1868. Rijksmuseum van Oudheden, Leyde.
22 *L'Arrivée à Pétra, 6 mars 1839*, lithographie de Louis Hague d'après David Roberts, *in* David Roberts, *op. cit.*
23 *Pétra, 9 mars 1839*, lithographie de Louis Hague d'après David Roberts, *in* David Roberts, *op. cit.*
24-25 Inscriptions et graffiti nabatéens relevés à Pétra et à Shaubak par Julius Euting, *in* R. E. Brünnow et A. von Domaszewski, *Die Provincia Arabia*, Strasbourg, 1904-1909. Collège de France, Paris.
26 Tombeaux de Hégra (Médaïn Saleh), dessin de C. Doughty, *in* C. Doughty, *Travels in Arabia Deserta*, Cambridge, 1888.
27 L'équipe dominicaine se préparant à réaliser le premier estampage de l'inscription du Turcoman, octobre 1896. Ecole biblique et archéologique française, Jérusalem.
28 Partie sud de la nécropole du théâtre à Pétra, *in* R. E. Brünnow et A. von Domaszewski, *op. cit.*
29h Intérieur d'un tombeau, *in* A. Kennedy, *Petra, its History and Monuments*, Londres, 1925.
29b La grande urne du Deir, photo de R. Richmond Brown, *in* Margaret A. Murray, *Petra, The Rock City of Edom*, Londres-Glasgow, 1939.
30 Photo de Pétra prise par satellite.
31 Relief de cavalier et de son chameau, récemment dégagé dans le Sîq.
32g Fouilles récentes dans le Sîq, photo.
32d Statue d'Artémis chasseresse provenant du wadi Métaha, bronze, IIe s. apr. J.-C. (?), inv. J 5714. Musée archéologique de Jordanie, Amman.
33 Fouilles du quartier d'habitation d'ez-Zantur par l'équipe suisse de l'université de Bâle, photo.

CHAPITRE II

34 Stèle anthropomorphique représentant, d'après l'inscription «la déesse de Hayyan, fils de Niyyabât», probablement la déesse al-'Uzza assimilée à Isis. Temple aux Lions ailés, grès, fin Ier s. av. J.-C. - Ier s. apr. J.-C., inv. J 13483. Musée archéologique de Jordanie, Amman.
35 Graffito nabatéen du Wadi Ramm.
36-37 Groupe de musiciennes, terre cuite, Ier s. av. J.-C. - Ier s. apr. J.-C., inv. J 5768. Musée archéologique de Jordanie, Amman.
37h Portrait de Strabon, gravure. Bibliothèque nationale de France, Paris.
38h Myrrhe en train de brûler, photo.
38b Paysage du Wadi Ramm, photo.
39 Carte de pistes caravanières par Nicolas Poussin.
40 Monnaie d'argent d'Arétas IV (droit), 9-8 av. J.-C. Cabinet des Médailles, Bibliothèque nationale de France, Paris.
41h Inscription fragmentaire provenant de Sabra, calcaire, 10 av. J.-C., inv. 13482. Musée archéologique de Jordanie, Amman.
41b Monnaie de bronze de Rabbel II et Shaqilat (droit), 70-76 apr. J.-C. Cabinet des Médailles, Bibliothèque nationale de France, Paris.
42-43 Vue aérienne de la falaise de la Khubthah et du tombeau de Sextius Florentinus, enseveli entre 127 et 130 apr. J.-C., photo.
44 Vue aérienne de l'église byzantine du centre-ville, Ve s., photo.
45 Détail d'une mosaïque du pavement, l'Eté.
46h Carte de la Nabatène.
46b Porte nabatéenne à Bosra (Syrie), photo.
47 Façades de tombeaux à Hégra, Arabie Séoudite, photo.
48 Bétyle de Dusarès d'Adraa (Der'a en Syrie), sculpté sur la paroi sud du Sîq.
49h Relief représentant Zeus ou Dyonysos (Dusarès), calcaire. Musée archéologique, Pétra.
49b Buste de la «déesse aux poissons», relief architectural provenant de Khirbet Tannur, calcaire, inv. J 3261. Musée archéologique de Jordanie, Amman.

CHAPITRE III

50 Grande urne du Deir, photo.
51 Tête d'homme provenant de Khirbet

CHAPITRE IV

TÉMOIGNAGES ET DOCUMENTS

INDEX

A

B

C - D

E - F

G

H

I - J

K

L

M

CRÉDITS PHOTOGRAPHIQUES

Agenzia Speranza/Photo Bruno Morandi, Milan 1er plat et dos de couv., 4. Agenzia Speranza/Photo S. Paderno, Milan 77. American Center of Oriental Research/Kenneth Russell Trust/Photo J. Wilson et Eleanor Myers, Amman 44. Archipress/Photo Bertrand Rieger, Paris 2, 3, 31, 49h, 60, 68. Artephot/ Photo Anne Stierlin, Paris 85b, 91h. Artephot/Photo Henri Stierlin, Paris 5, 49b, 78, 91b. AKG/Photo Jean-Louis Nou, Paris 1, 34, 41h, 50, 69, 70h, 89, 90, 92b. Bibliothèque nationale de France 37h. Bibliothèque nationale de France/Photo Dominique Gerin 40, 41b. Collège de France, Bibliothèque d'Assyriologie, Paris 24-25, 28, 84-85h. Dorset Archive Service/The National Trust, Dorchester 13, 14. Ecole biblique et archéologique française, Jérusalem 27. Equipe CNRS «Syrie du Sud-Pétra», Nanterre 65, 72-73, 94-95. Equipe CNRS «Syrie du Sud-Pétra»/Photo Jean-Marie Dentzer, Nanterre 2e plat de couv., 57h, 64, 66, 72, 82, 103. Equipe CNRS «Syrie du Sud-Pétra»/Photo Laïla Nehmé, Nanterre 62b. Ferrante Ferranti, Paris 6, 79, 88. Gamma/Photo De Wildenberg, Vanves 32g. Garo Nalbandian, Jérusalem 36-37. Gérard Degeorge, Paris 46b, 47, 75b. Giraudon 51. Institut Géographique National Français, Paris 30. Jacana/Photo Michel Viard 38h. Jane Taylor, Amman 42-43, 53, 63, 74-75, 86, 96. Jean-Claude Golvin, Paris 54-55. Laïla Nehmé et René Saupin, CNRS, Paris 115. Magnum/Photo René Burri, Paris 9, 33, 35, 59, 76, 80-81, 93h. M. Hubert, Paris 48, 61b. Musée de la Bible et de la Terre Sainte, Paris 92h, 104. Palestine Exploration Fund, Photographic Archive, Londres 97. Paul Lutz, Saint-Angel 38b, 45, 56-57, 81b. Photothèque Gallimard, Paris 10, 11, 12, 15, 16, 17, 19d, 20, 22, 23, 26, 97, 107, 109, 119, 124, 126. Philippe Maillard, Paris 78b. Piergiorgio Sclarandis, Turin 58-59, 62h. René Saupin/IGN-CNRS, Paris 61h. Ricciarini/Photo Nimatallah 7, 66-67, 80b, 87. Rijksmuseum van Oudheden, Leyde 21-22b. Université de Bâle, Séminaire d'Archéologie, Bâle 70b, 71. Victoria & Albert Museum, Londres 18-19. Xavier Renauld-Mécénat scientifique EDF - Laboratoire Valectra, Paris 32d.
Cartographie : Edigraphie 39, 46h.

REMERCIEMENTS

Les auteurs et l'éditeur remercient très chaleureusement tous ceux qui leur ont apporté une aide amicale dans la préparation de ce livre : au Proche-Orient, le Dr Ghazi Bisheh, le Dr Fawzi Zayadine, Khairiye Amr, Sulaiman Farajat, Mohamed al-Shaubaki et leurs collègues du Département des Antiquités de Jordanie; Zeidoun al-Moheisen et Dominique Tarrier; Geneviève Jean-Van Rossum, Agnès Romatet, le Service culturel et l'Ambassade de France; Jean-Pierre Braun, Laurent Tholbecq, Ina Kehrberg, Pierre-Marie Blanc, Gabriel Humbert, François Bernel et leurs collègues de l'IFAPO; les Pères Jean-Baptiste Humbert et Jean-Michel de Tarragon (Ecole biblique et archéologique française); Artemis et Martha Joukowsky et la Mission américaine du «Great Temple»; Pierre Bikai et l'ACOR, Jane Taylor, ainsi que Thomas Weber, de Mayence, Bernhard Kolb et le Séminaire d'archéologie de l'Université de Bâle. En France, les membres de l'équipe CNRS «Syrie du Sud-Pétra», notamment Roland Bierry, Frank Braemer, Jean-François Breton, Jacques Leblanc, Laïla Nehmé, Jean Sapin, René Saupin, Estelle et François Villeneuve; Geneviève Dollfus, Pascale et Xavier Linant de Bellefonds, Maurice Sartre, Jacques Seigne; le Père Jacques Briend (Musée biblique), Dominique Gerin (Cabinet des Médailles de la Bibliothèque nationale de France), Philippe Cardinal (IMA), le Mécénat scientifique d'EDF et le laboratoireValectra, le photographe Sylvain Pelly, l'agence Magnum et René Burri.

ÉDITION ET FABRICATION

DÉCOUVERTES GALLIMARD
DIRECTION Pierre Marchand ET Elisabeth de Farcy. COORDINATION ÉDITORIALE Anne Lemaire. GRAPHISME Alain Gouessant. FABRICATION Nadège Grézil. PROMOTION & PRESSE Valérie Tolstoï. SUIVI DE PRODUCTION Madeleine Gonçalves.
PÉTRA, LA CITÉ DES CARAVANES
EDITION Nathalie Reyss. ICONOGRAPHIE Maryse Hubert. MAQUETTE ET PAO Karine Benoit. LECTURE-CORRECTION François Boisivon et Pierre Granet. PHOTOGRAVURE Arc-en-ciel.

Table des matières